D0063912

Elizabeth Hartley-Brewer

Elizabeth Hartley-Brewer es una autora ampliamente respetada, cuyos consejos para guiar y motivar a los niños y niñas la han convertido en una conferenciante y escritora muy solicitada en temas de psicología infantil.

Elizabeth Hartley-Brewer

•

¡Eres genial tal como eres!

100 consejos para que tu
hijo desarrolle su autoestima

Traducción de
Belén García Alvarado

DEBOLS!LLO

Título original: *Self-Esteem for Boys. 100 Tips for Raising Happy and Confident Children*
Diseño de la portada: Departamento de diseño de Random House Mondadori/Yolanda Artola

Primera edición en España, 2006
Primera edición para EE.UU., 2006

www.randomhousemondadori.com.mx

Comentarios sobre la edición y contenido de este libro a:
literaria@randomhousemondadori.com.mx

ISBN: 0-307-37637-0

Fotocomposición: Anglofort, S. A.

Impreso en México/ *Printed in Mexico*

Distributed by Random House, Inc.

Para mi hijo Stephen y sus fieles amigos Danny, Jonny, Pete, Dave, Greg, Richard y Paul, con los que tanto ha compartido durante mucho tiempo

Índice

Agradecimientos

Como, evidentemente, carezco de experiencia directa al no ser varón, he tenido que buscar información entre una serie de niños, así como de amigos y colegas hombres. También he recibido ayuda de amigos maestros que trabajan de cerca con niños —y niñas— para darles propósitos, respeto y satisfacción personal.

Me gustaría, pues, expresar mi agradecimiento a Dexter Hutt, director del colegio Ninestiles de Birmingham y a Gary Wilson, director del departamento de lengua del colegio secundario Newsome, en Huddersfield, quienes dedicaron parte de su precioso tiempo conversando conmigo y leyendo guiones, y a sus hijos, a los que privé de su presencia durante esos ratos. También quiero expresar mi agradecimiento a Geoff Evans, del Proyecto C'mon Everybody; a George Hosking, quien trabaja con jóvenes violentos para ayudarlos a comprender y calmar sus almas; a Adrienne Katz, quien fundó la organización de investigación Young Voice, a través de la cual niños y niñas han podido hablar y hacerse escuchar; al doctor Sebastian Kraemer por la lectura de su artículo de investigación «*The Fragile Male*» y por responder a mis e-mails con tanta presteza, y a Joanne Edelman, amiga y madre de dos exuberantes niños en crecimiento.

La idea de este libro y de su compañero para niñas fue de Jacqueline Burns, mi editora. Si no hubiera sido tan divertido trabajar con ella, no los habría escrito. Me siento muy agradecida porque he aprendido mucho a lo largo de todo este proceso. Y por último, quiero dar las gracias a mi hijo, Stephen. Ha sido todo un privilegio ser su madre. Le deseo toda la felicidad del mundo ahora que deja la adolescencia y se adentra en la edad adulta.

1

Comprender sus retos y sus oportunidades

Según dicen, este es un mal momento para los niños. Parecen tener cada vez más dificultades para triunfar, adaptarse y encontrar un trabajo que les proporcione una vida confortable. Las estadísticas muestran que los niños tienen más problemas de comportamiento, caen en la delincuencia más a menudo y a edades más tempranas, están perdiendo la ventaja académica que tuvieron sobre las niñas y manifiestan su desesperanza con una tasa de suicidio considerablemente más alta que la de las niñas. Los cambios sociales, económicos e incluso educativos parecen estar socavando su virilidad más básica y algunos no ven en el futuro más que una constante presión o el fracaso, o ambas cosas. Su autoestima y su motivación parecen haber tocado fondo.

Sin embargo, muchos niños siguen desarrollándose excepcionalmente bien y gozan de mayor libertad al haber roto las cadenas de una única visión de la masculinidad. El reto de vivir en este nuevo mundo los impulsa a triunfar, al tiempo que encuentran alivio en la licencia para pensar, sentir y actuar en armonía con los sentimientos de su corazón.

Los niños son amorosos, divertidos, destructivos, orgullosos y desafiantes, y vienen en todas las formas y tamaños posibles. La evidencia de que sus cerebros, al igual que sus cuerpos, son diferentes de los de las niñas es cada vez mayor. La forma en la que crecen y el respeto que reciben de la sociedad y de sus familias es algo muy importante. También es fundamental que no perciban la educación como algo relacionado exclusivamente con mujeres. Resulta crucial que se les permita responder a sus instintos masculinos dentro de un ambiente comprensivo, para que sientan que son ellos mismos y no tengan que recurrir a modelos de masculinidad que resultan conflictivos. Los niños necesitan tanto amor, cuidado y atención como las niñas para convertirse en adultos tolerantes y equilibrados, capaces de amar y de ser amados. La autoestima positiva de los niños debe derivarse no solo de la satisfacción de ser varones y de tener una idea clara de lo que es la virilidad, sino también de un firme sentido de su identidad.

Los niños son la mitad de nuestro futuro. Debido a los cambios que afectan a nuestra sociedad, especialmente en lo que se refiere al trabajo y a la familia, los niños se sentirán confundidos e inseguros frente al futuro a medida que crezcan. Por ejemplo: ¿Qué significa ser padre? ¿Qué importancia tienen el compromiso y el matrimonio? ¿Cómo deben manejar sus sentimientos a veces contradictorios de tristeza, enfado, ternura, competitividad y autoprotección? Sin embargo, aun cuando esos cambios pueden resultar inquietantes, también son potencialmente liberadores, ya que ofrecen a los niños más posibilidades de ser ellos mismos y de reforzar su autoestima.

En el futuro, tal vez los padres y los maestros deban ofrecer a los niños más apoyo y asesoramiento mientras estos exploran las opciones cada vez más numerosas que se les presentan. En lugar de deslizarse sin esfuerzo dentro de un estereotipo establecido, los niños deben analizar lo que llevan dentro, experimentar con las diversas maneras de expresarse y desarrollar las hebras de identidad que forman el tejido del carácter. Cuanto más se conozcan, más profunda será su autoestima.

Actualmente, los niños se encuentran en una encrucijada. Pueden escoger un camino en el que las oportunidades son cada vez menores, aumentando así sus dudas sobre su propia capacidad, o un camino que lleve a su desarrollo personal y a una mayor valoración de su persona. El camino que escojan dependerá de la calidad de su autoestima.

Cuando un niño tiene una buena relación con un adulto, quien hace que se sienta comprendido, valorado y querido, cuando se siente respaldado en el colegio pudiendo así convertirse en alguien competente y seguro y cuando a través de sus distintos intereses se hace con un grupo de amigos fieles con los que aprende a ser sociable y a resolver diferencias, puede afrontar el futuro con confianza y valentía. Evitar encontrarse aislado y malhumorado resulta vital para su salud mental, ya que un mundo sin otras personas se pobla fácilmente de demonios.

Los edificios industriales que almacenan productos químicos peligrosos llevan señales de peligro en sus muros. Los padres deberían tener el mismo cuidado cuando se dan cuenta de que su hijo está marcado con las tres «Ies»: Incomunicación, Inseguridad e Insignificancia. Estas son explosivas y crean un cóctel emocional que puede dañar a alguien para el resto de su vida.

La fuerza interior es el antídoto para estas sustancias corrosivas. En el pasado, los niños tenían que endurecerse tanto física como emocionalmente. En parte debido a la necesidad de sobrevivir en el campo de batalla, las pieles debían curtirse y los labios superiores atiesarse, a menudo a través de la intimidación física, para ayudar a los hombres a ocultar sentimientos que podrían decepcionar a su pueblo. La resistencia es indudablemente importante, pero los niños —al igual que las niñas— necesitan también ser flexibles para poder asumir un desengaño y desarrollar lo que podría llamarse «valentía emocional».

Eso no significa negar los sentimientos, en absoluto. Los que sobrevivan en el siglo XXI habrán desarrollado de manera sofisticada sus habilidades sociales y su capacidad de relación. Poseerán, para usar un término actual, «alfabetización emocional». Los niños deben aprender a ser conscientes de sus propios sentimientos, así como de los sentimientos de los demás, ya que el progreso tecnológico y la mayor competitividad global están creando puestos de trabajo que requieren una labor de equipo, solución colectiva de problemas, comunicación constante y planteamientos de riesgo conjuntos.

Hoy día los padres y educadores de niños deben intentar presentar a estos una identidad masculina cómoda, que no requiera la armadura resbaladiza que los separa de sí mismos y de los demás. El mundo indiferente y resbaladizo de la cultura machista no conduce a los varones a ninguna parte. Los sentimientos y las personas deberían dejar huella en ellos. Si ayudamos a los niños a desarrollar su fuerza interna y alimentamos su autoestima a veces un tanto frágil, podemos ayudarlos a convertirse en individuos, padres y futuros contribuyentes a nuestra sociedad que serán felices, cálidos, generosos y seguros de sí mismos —para beneficio de todos, incluido el suyo propio.

2

Satisfacer sus necesidades

Resulta difícil aceptar que los bebés empiezan su vida sin saber a qué sexo pertenecen. La experiencia de sí mismos se limita a sus necesidades más básicas. La conciencia de la identidad sexual comienza hacia los dos años, aunque por entonces las necesidades básicas de niños y niñas sean las mismas. Algunas personas consideran que los niños que expresan sus necesidades son «débiles» como las niñas, y animan a los niños a independizarse de los demás por miedo a que su necesidad de otros merme su capacidad para ser fuertes, independientes y masculinos.

Sin embargo, los niños tienen necesidades. Además de ser alimentados y vestidos, todos los niños necesitan un apoyo emocional: ser amados, mimados, apreciados, advertidos, valorados, admirados, comprendidos y aceptados. Cuando sus necesidades no son atendidas, el niño se siente ignorado y apartado. Puede llegar a la conclusión de que hay algo fundamentalmente malo en él y perder su autoestima. Un niño que se introduce en el mundo de las drogas, del crimen o de la violencia está probablemente reaccionando, con enfado y resentimiento, contra adultos que dejaron de reconocer y satisfacer sus necesidades cuando aún no estaba preparado para una independencia emocional (si es que alguno de nosotros lo está alguna vez).

1. Los niños también necesitan amor

Los niños a menudo buscan el amor de sus padres y de otros adultos cercanos a ellos de manera indirecta. Una vez que son suficientemente mayores para comprender lo que significa ser varón, pueden decidir que eso implica sentir amor, pero no se permitirán demostrarlo ni desearlo.

Puede resultar difícil para un niño aceptar que ser alegre y revoltoso, y a veces complicado y destructivo, es compatible con la necesidad de perderse en el calor y la seguridad de un abrazo. Eso puede ser especialmente difícil en el caso de niños mayores, sobre todo si los brazos son femeninos. Por ello, para conseguir el amor que necesitan, los niños suelen usar tácticas más agresivas que las niñas, quienes tienen que recorrer una distancia mucho más corta para reclamar su derecho emocional.

Si acaba de echarse encima de usted por detrás o si le ha propinado un puñetazo doloroso, eso puede significar que necesita su amor, así que es preferible reaccionar afectuosamente en vez de enfadarse porque se siente «atacado». El objetivo es conseguir relajar de forma gradual los lazos paternales, sin dejar que el niño se sienta emocionalmente perdido y abandonado.

Padres

- Evite pensar «Yo no recibí o no necesité muestras de amor, así que él tampoco lo necesitará». Él es diferente. Y aquellos que no han recibido afecto pueden convertir esa carencia en «no necesito» esconder mi tristeza.
- Si le resulta extraño darle abrazos, pregúntele si puede abrazarlo.
- Mándele besos con un gesto de la boca o con la mano si el contacto directo le parece una intrusión.
- El amor también puede demostrarse sentándose cerca de él cuando vea la televisión o lea, o sentándose en su cama por la noche.
- Puede demostrarle su amor interesándose por sus ideas, prestándole atención, haciendo cosas con él y comprendiendo sus sentimientos.

Maestros

- Los maestros no sienten amor paternal por los niños de sus clases, pero pueden dejar claro que disfrutan, aprueban y aceptan a los niños que están a su cargo.
- Asignar tareas especiales a aquellos niños que carecen de autoestima puede ayudarles a sentirse importantes porque se ha reparado en ellos y se les ha considerado dignos de confianza.

2. Muestre que le entiende

«Un día llegó del colegio con un mal humor como hacía tiempo que no le veía. Se mostró grosero sin venir al caso. Utilizó palabras que sonaban a lenguaje de patio; entonces me di cuenta de que probablemente estaba repitiendo algo que le habían dicho. Se arrojó a mis brazos y lloró, aliviado de que le hubiera entendido.»

No ser entendido constituye para todos los niños una tremenda frustración. Se inicia con un sentimiento de irritación, pero cuando el error persiste, el niño comenzará a cuestionarse si su versión de sí mismo es normal, razonable y justificada. Cuando los niños consideran que sus deseos son ignorados o malinterpretados constantemente, se sienten no solo humillados, sino también cada vez más resentidos, enfadados y, lo que resulta más perjudicial, carecen de fe en sí mismos.

La comprensión puede demostrarse anticipando sus necesidades y expresando —con mucho cuidado— sus probables pensamientos. Puede decir cosas como: «Supongo que te sientes un poco ignorado, ¿no?». Eso le ofrece a él un espacio para discrepar y le ayuda a usted a no ser percibido como un sabelotodo, sino como alguien que puede equivocarse.

Padres

- Acepte su manera de ver el mundo; no tiene que estar de acuerdo con usted, ni usted con él.

- Valore su singularidad; dígale lo que le gusta de él.
- Mire más allá de su comportamiento para descubrir las posibles causas y los posibles sentimientos; hágale saber que sabe lo que está ocurriendo.
- Repita lo que él le dice para que compruebe que usted lo ha entendido: «Quieres que me quede en casa hoy porque estás harto de que trabaje hasta tarde esta semana, ¿verdad?».
- Recuerde lo que le gusta o disgusta.
- Exprese su probable reacción frente a algo: «Seguramente lo que voy a decirte no te gustará, pero no quiero que te vayas de juerga toda la noche».

Maestros

- Haga un esfuerzo por discernir patrones en el trabajo de los niños que le permitan verlos como individuos: «Te gusta mucho pintar pájaros ¿verdad?» o «Siempre escribes sobre pesca; debe de gustarte mucho pescar».
- Fomente trabajos en clase que destaquen los gustos de los niños e intente acordarse de algunas de las cosas expresadas.
- En el caso de niños especialmente difíciles, confeccione una lista de cuatro razones por las que le parece que son así (excluya causas como «personalidad difícil»).
- Utilice frases de «escucha reflexiva» como: «Lo que quieres decir es que no sentiste que sabías lo suficiente para empezar esta tarea. Vamos a comenzar por lo que sabes que puedes hacer».

3. Acéptelo por lo que es, aunque no le guste lo que hace

Todo niño necesita ser aceptado y valorado por lo que es, no solo porque ha sido «bueno» o ha hecho algo «bien», ajustándose así al ideal de sus padres. Si siempre está intentando encajar en el molde que usted ha creado para él, perderá muy pronto su identidad y le resultará difícil estar seguro de quién es.

A los niños pequeños se les suele regañar más que a las niñas. En general son más revoltosos y ruidosos; acostumbran a tener más accidentes porque su coordinación no es tan buena y se expresan peor porque su lenguaje se desarrolla más tarde. Las reprimendas torpes transmiten desaprobación y pueden ser muy dañinas. Si tiene que regañarlo por ello, separe la persona de sus acciones. Eso dejará su dignidad intacta mientras él aprende a modular su comportamiento y comprende las consecuencias de este.

Un niño revoltoso es sano y divertido, pero también agotador. No pierda la fe en él simplemente porque está descontento por una acción o una actitud específicas. Nunca haga que se sienta desgraciado con sus críticas.

Padres

- Piense en los puntos buenos de su hijo antes de hacer comentarios sobre su comportamiento; eso le ayudará a pensar de manera positiva.

- Evite utilizar las palabras «bueno» o «malo» al referirse al comportamiento de su hijo porque él tomará esas palabras como un reflejo de sí mismo; en vez de eso, describa lo que usted aprueba o desaprueba de su actitud.
- Decir «ahora mismo, tu comportamiento...» limita su desaprobación a ese momento.
- Golpearlo con la mano o con un objeto hará que se sienta rechazado.

Maestros

- Identifique algo que le guste de cada estudiante, ya que eso facilita decir con honestidad que el problema es su comportamiento, no el niño en sí.
- Describa con detalle el comportamiento que está siendo incorrecto y evite aseveraciones personales directas. Decir «La manera como golpeas la regla me molesta» es menos ofensivo que «Me estás molestando».

4. Elogie tanto como pueda

A los niños les encanta que los elogien. Una de las alegrías de vivir y trabajar con ellos es verlos rezumar orgullo y placer cuando hacen algo bien y nosotros lo apreciamos. A los niños les encanta gustar a aquellos que quieren.

Los elogios gustan a los niños porque los necesitan, pero también les enseñan autodisciplina. A través de los elogios y del ánimo, los niños reciben claros mensajes positivos sobre cómo deben conducir sus vidas —lo que deben hacer— en lugar de oír solamente lo que no deben hacer.

A mucha gente, sobre todo a los hombres, les resulta difícil elogiar, especialmente a los niños. Las críticas y las broncas les permiten sentir que están al mando y que son omniscientes. Elogiar, por otra parte, puede hacerles sentir que han perdido el poder, lo cual les resulta peligroso. Algunos no saben qué elogiar o qué palabras usar para hacerlo. Otros creen que los elogios convertirán al niño en un engreído o un perezoso, o temen que haga su trabajo de cualquier manera. Sin embargo, normalmente cuando los niños notan que uno se ha fijado en ellos y los aprecia, se esfuerzan más, y eso les enseña también a apreciar a los demás.

Padres

- Para mostrar aprobación podemos decir: «¡Eso está muy bien!», «¡Impresionante!» o «¡Bien hecho!». Para mostrar aprecio, podemos decir: «Gracias, eso me ha ayudado mucho».
- Busque algo para elogiar, apreciar o mencionar de manera especial cada día.
- Se puede elogiar a los niños por su capacidad de pensar (por ejemplo, sus decisiones, sus ideas, su capacidad para resolver problemas), por sus habilidades sociales (como ayudar a los demás, ser comprensivo, compartir, resolver conflictos), por sus habilidades físicas (como saber usar las tijeras, construir cosas, hacer deporte) o por su buen trabajo.

- Sea específico: Elogie lo que su hijo ha hecho en lugar de extenderse sobre lo maravilloso que es.
- Elogie su esfuerzo más que el resultado final.

Maestros

- Anime a los niños a juzgar su propio trabajo y a no depender del punto de vista de usted.
- Permítales que evalúen el trabajo entre sí a fin de que el elogio no provenga siempre de una persona con autoridad.
- Ayúdeles a que se sientan orgullosos de un buen trabajo. Dé por hecho que el niño es orgulloso y dígale: «Supongo que te habrás sentido satisfecho al acabar este trabajo».
- Busque cada día algo en ellos que elogiar, incluso su humor, su sociabilidad y su creatividad.
- Si un niño rechaza cualquier elogio, colmarlo de halagos no funcionará; escoja una cosa que de verdad le parezca encomiable y menciónela tres veces al día durante tres semanas para que el niño comience a creer que el elogio es sincero.

5. Pase tiempo con él

«Yo sé que mi padre me quiere, pero casi no lo conozco. Sé que trabaja duro para mantenernos, pero casi nunca hablamos. Me hace sentir incompleto.»

Todas las encuestas concluyen que a los niños les gusta que sus padres estén en casa, incluso si no están haciendo nada con ellos. Les gusta ver a sus padres tanto como a sus madres, y los niños necesitan la atención de sus padres tanto como las niñas. Incluso los niños adolescentes quieren ver más a menudo a sus padres.

Los niños sienten que no son capaces de amar o ser amados, de ser creídos o creíbles, de ser respetados o merecer respeto, si las personas de quienes dependen no parecen estar interesadas en ellos. Los niños sienten que valen y que son apreciados cuando los adultos que son importantes en sus vidas les dedican tiempo y atención. Satisfacer su necesidad de tiempo con usted, ofreciéndole una atención exclusiva, le dará seguridad y le despertará el ánimo triunfador.

Padres

- Los regalos no son la mejor solución para llenar una ausencia: no intente compensar el tiempo que no pasa con su hijo comprándole algo.
- Cuando esté con su hijo, ponga en marcha el contestador automático y pase tiempo con él averiguando lo que piensa, lo que ha estado haciendo, a qué ha jugado.
- Juegue con él, únase a lo que esté haciendo o bien obsérvelo mientras realiza su actividad favorita, o dígale: «¿Por qué no me cuentas cosas mientras lavo el coche?».
- Cumpla sus promesas de pasar tiempo con él y mantenga un contacto regular.

- Pasar tiempo con él en silencio puede ser tan valioso como realizar una actividad.
- Si puede realizar en casa algún trabajo de oficina, hágalo; se mantendrá así más cerca de su familia.

Maestros

- Los niños a menudo se esfuerzan por obtener atención; no deje que el mal comportamiento sea su única manera de conseguir esa atención.
- Si un niño desea hablarle y a usted no le va bien, sugiérale otro momento en el que podrá dedicarle toda su atención.
- Identifique a los niños que son callados y junto con sus colegas haga un esfuerzo por hablar directamente con ellos cada día.

6. Al hablar, utilice el contacto físico

Además de tranquilizar, el contacto físico puede dar seguridad. Un niño que no recibe contacto físico puede sentirse ignorado, avergonzado o indigno. Su confusión provocada por la necesidad de afirmarse a través del contacto físico afectuoso puede hacer que se sienta menos seguro a la hora de tocar a otros cuando sea adulto, ya sea con apretones de manos formales o con muestras de afecto a sus propios hijos y parejas.

El contacto físico puede comunicar los sentimientos mejor que las palabras. Puede decir mucho de muchas maneras y está menos abierto a malas interpretaciones. Y necesita tan solo de un momento. El contacto puede ser tanto un abrazo como un brazo encima del hombro de su hijo; puede no pedir nada a cambio o esperar un gesto mínimo por su parte que muestre que ha reconocido su gesto. Puede demostrar a su hijo y a los demás que él le pertenece a usted. Puede ayudar a la reconciliación puesto que significa que usted siente la pelea que han tenido. Puede consolarlo después de un desengaño, mostrarle el orgullo que usted siente o expresar igualdad y complicidad. Pero el contacto también puede dañar. Pegar duele y empujar a su hijo cuando está enfadado con él puede ser interpretado como un signo de rechazo profundo.

Padres

- Acariciarlo suavemente en la frente, en la cabeza o en las manos a la hora de acostarlo o mientras miran la televisión —o simplemente sentarse cerca de él— puede ser una manera de introducir el contacto en su relación.
- Pruebe a reemplazar palabras por pequeñas caricias.
- Si a su hijo le resulta difícil o embarazoso recibir caricias, pregúntele qué le parece adecuado y cuándo.
- Considere la posibilidad de proporcionarle un perro o un gato para ayudarle a estar cómodo demostrando afecto físico.
- Pídale a su pareja que le dé un masaje, una caricia o un abrazo a usted; tal vez eso le ayude a ser más expresivo con su hijo.

• Las leyes de protección del menor hacen que muchos maestros sean reacios a tocar a sus alumnos. En cualquier caso, a medida que los niños crecen, cada vez es más difícil y menos apropiado hacerlo; simplemente quedarse de pie cerca de él mientras usted mira el trabajo que está haciendo puede demostrarle que lo acepta y que se siente cómodo a su lado.

• Algunos maestros saludan uno a uno a sus alumnos de corta edad al entrar en clase, animando a cada niño a escoger la manera de saludar: con una sonrisa, un apretón de manos o nada, si así lo desean ese día.

7. Respete su derecho a saber

A los niños les gusta vivir en un marco de reglas y estructuras. Evolucionan favorablemente cuando se sienten seguros y pueden predecir lo que les va a pasar. Lo inesperado puede resultarles muy inquietante. A veces las cosas pasan por casualidad y cualquier adulto envuelto en situaciones inesperadas se sorprende tanto como ellos. Pero en general los adultos saben de antemano lo que va a ocurrir y se olvidan de informar al niño o deciden no hacerlo.

Los niños necesitan entender su mundo. Si no pueden, viven en un caos social y emocional. Entienden su vida a través de los patrones que perciben en ella cuando tiene un orden y cada día se desarrolla de forma predecible; y a través de las explicaciones que se les da cuando ese orden se altera. Los cerebros de los niños pequeños, al desarrollarse, establecen patrones significativos, por lo que todo niño debe entender el conocimiento y los acontecimientos antes de poder aprenderlos.

Cuando explica cosas a su hijo, le está mostrando que respeta su derecho a saber, que comprende su necesidad de entender su mundo, que respeta su capacidad para abarcar y entender la información que le proporciona.

Padres

- Intente informar a su hijo de las cosas antes de que sucedan o mientras suceden; después explíquele por qué han ocurrido.
- Puede expresar sus propios sentimientos e intentar comentar los de su hijo.
- Puede informarle de una ausencia, de los cambios de rutina, de pareja o de relaciones.
- Puede informarle de sus decisiones y de las razones que le han llevado a tomarlas.
- Puede ofrecerle hechos y responder honestamente a sus preguntas sobre cosas como una muerte o un divorcio, pero en términos que él pueda comprender.

Maestros

- Avise a los niños de cualquier cambio en la rutina diaria de la clase.
- Si sabe que va a ausentarse, dígaselos de antemano e infórmeles de quién lo reemplazará.

- Explique por qué impone cualquier castigo o «consecuencia».
- Explique claramente por qué un trabajo es bueno o por qué no alcanza el nivel.
- Informe a los niños del tiempo que le llevará corregir pruebas o proyectos y explique cualquier retraso a la hora de devolverlos.

8. A los niños les va mejor cuando un hombre que los quiere participa en su desarrollo

Los niños evolucionan en cualquier tipo de familia, pero se sienten más seguros cuando un hombre que los quiere se implica en su desarrollo. Ese hombre puede ser el padre, un pariente, un vecino, un monitor o alguien de su escuela. Sabemos por los estudios que se han hecho que, cuanto antes se establezca esa relación especial, mejor; pero si no, lo de «más vale tarde que nunca» también funciona.

Los niños se benefician de la relación con una figura paterna por tres razones: primero, porque estar con alguien que obviamente disfruta de su compañía y está interesado en lo que hacen les aportará confianza en sí mismos; segundo, tener una buena relación con un mentor que sea además un modelo de comportamiento les mostrará en qué pueden convertirse; tercero, las cualidades personales de esta persona aumentarán su comprensión de la gente y ampliarán sus opciones de comportamiento.

Los padres no siempre pueden ser esa persona por varias razones. Intente evitar que los celos le impidan aceptar que otra persona que usted conozca se acerque a su hijo. Si la relación es buena y está seguro de que no hay nada malo en ella, los niños se beneficiarán de la atención incondicional de un hombre de confianza.

Padres

- Las relaciones con figuras paternas pueden empezar de forma natural, pero si no es el caso, podría iniciarla invitando a un posible mentor a salir con ustedes a alguna parte, o a merendar o a ver una película en casa.
- Identifique las aficiones de su hijo y pregunte a los vecinos si tienen aficiones similares y si estarían dispuestos a apoyar a su hijo en el desarrollo de estas.
- No ponga a su hijo en contra de alguien que muestre interés por él, ni haga comentarios dolorosos como «¿Por qué cree que eres tan especial?». A lo mejor a usted le parece que su hijo es una fuente de conflictos, pero no todo el mundo tendrá el mismo punto de vista.

Maestros

- La investigación muestra que algunos niños han conseguido alejarse de la delincuencia o las drogas gracias a un maestro que ha mostrado un interés especial por ellos y los ha aceptado por lo que eran. A menudo, el maestro olvida la buena influencia que puede ejercer sobre esos niños.
- Sea consciente de la vulnerabilidad de cualquier individuo y de su necesidad de ser escuchado y entendido.

- Invite a hombres apropiados a participar en distintas actividades de la clase o el colegio, recordando que hoy día es necesario pedir antes antecedentes penales.
- Estudie la posibilidad de buscar mentores locales para niños vulnerables.

9. Sea su último refugio

Si la vida ha sido difícil para su hijo, si su paciencia se ha agotado y ya no tiene la energía suficiente para seguir adelante o mantener las apariencias, necesitará algún lugar para esconderse, un lugar y una persona que representen su último refugio. Ese es el lugar donde su hijo puede ser él mismo y donde —por lo menos durante un espacio de tiempo— nadie le echará nada en cara. Ahí se sentirá aceptado de forma incondicional. Es el lugar donde puede relajarse de verdad; se sentirá seguro porque sabe que hay alguien que se ocupará de él, alguien que le aliviará la carga de sus sufrimientos cuando ya no le queden fuerzas para hacerlo él mismo.

Para los niños, su hogar representa ese lugar, y los padres esas personas, ya que son los seres más importantes en la vida de un niño. Sin embargo, hay situaciones en que los padres sienten que no tienen las suficientes reservas emocionales para ofrecer a su hijo el consuelo que necesitan. Si eso ocurre, pregúntese si lo único que desea su hijo es estar cerca de usted, sin decir ni hacer nada. A lo mejor eso es todo lo que necesita.

Padres

- Si su hijo pide perdón después de un incidente difícil, acepte su rama de olivo y trate de olvidar lo ocurrido.
- Ofrecerle refugio no significa que tiene que ignorar un comportamiento que le ha parecido inadecuado.
- No le haga esperar cuando él realmente necesite ayuda; anticípese a sus sentimientos y ofrézcale consuelo cuando vea que lo necesita.

Maestros

- A veces a los niños les resulta especialmente difícil admitir sus errores y complican aún más la situación al ofrecer excusas múltiples y poco convincentes. Intente intervenir y perdonar antes de que se introduzcan demasiado en el agujero.
- Algunos niños ven en el colegio un lugar para refugiarse; asegúrese de que ese refugio existe en alguna parte.
- Ponga en conocimiento de los niños la existencia de ese refugio a través de discusiones en clase sobre a quién pueden dirigirse y cuándo, dónde y por qué.
- Los grupos de apoyo con otros compañeros pueden estimular a los niños a buscar refugio en el colegio.

10. Ayúdelo a sentirse aceptado

Los seres humanos tienen una profunda necesidad de sentirse aceptados por alguien en algún lugar. La primera necesidad de su hijo será sentirse amado por las dos personas que lo concibieron, pero a medida que crezca se sentirá unido a amigos, grupos e instituciones. La fuerza de esos lazos reforzará su propia identidad. Encajar en un lugar le aportará información sobre él y lo tranquiliza porque demuestra que existen otras personas como él. Pertenecer a una familia, a un grupo social o étnico, a un club o a una escuela o a un lugar de culto religioso también significará que es querido, aceptado y aceptable. Le proporcionarán pautas sobre quién es y cómo debe comportarse.

Si un niño crece con el sentimiento de no pertenecer a su familia o a su colegio, si se siente rechazado —debido a fuertes críticas, por ejemplo—, es muy probable que busque aceptación en algún otro lugar. Buscará grupos de niños que ya no intentan gustar y que obtienen placer y reconocimiento de maneras inaceptables.

Padres

- Cuéntele historias de la familia para que conozca sus raíces y las de usted.
- Inclúyalo en tantas reuniones familiares como sea posible.
- Comprenda que la moda o ciertas vestimentas pueden ser símbolos para ser aceptados en un grupo y ayúdelo a «ser aceptado» —siempre y cuando su presupuesto familiar se lo permita.
- Permítale asistir a los grandes acontecimientos de la escuela, como celebraciones y conciertos, para que sienta que pertenece a ese grupo.

• Esté alerta ante los signos de «soledad»; si pasa mucho tiempo solo, sugiérale que se inscriba en un club deportivo o social, o en un club juvenil.

Maestros

• Las discusiones en corro y otras actividades similares pueden reforzar la identidad de grupo y hacer que todos los niños se sientan iguales en la clase.
• Los grupos estables permiten formar una identidad clara; los cambios de profesorado y de alumnos, y los reagrupamientos de alumnos deberían minimizarse en el caso de niños especialmente vulnerables.
• Si existen «turbulencias», es decir, si se realizan numerosos cambios de alumnos durante el año, se necesitarán constantes esfuerzos para restablecer la coherencia del grupo.

11. Respete su privacidad

«Mi madre quería saberlo todo sobre mí, en especial lo que pensaba. Me volvía loco y sentía que invadía mi espacio. Un día le grité: "¡Deja ya de querer meterte en mi cabeza!"».

Tener tiempo y espacio para sí mismos forma parte del crecimiento y marca el camino hacia la separación e independencia. Los niños en crecimiento lo necesitan y los padres deberían evitar enfadarse cuando su hijo intenta tener un territorio exclusivamente suyo, del cual los padres están relegados. Ese territorio puede ser su cuerpo, su habitación, puede ser su vida social o será probablemente su vida sexual. Si decide mirar revistas en la privacidad de su habitación y ustedes se enteran, no lo publiquen ante el resto de la familia ni ante amigos.

Los niños pequeños que necesitan privacidad pueden querer mantener el colegio y sus padres separados. Eso no necesariamente significa que tienen algo que ocultar, sino simplemente que necesitan espacio.

Padres

- Si el colegio se convierte en su lugar privado, intente darle más privacidad en otros ámbitos —en su cabeza o en su habitación— para que le permita entrar.
- Respete su necesidad de mantener privados algunos aspectos de su vida; no se lo tome como una campaña personal contra usted.
- Algunos niños, si se sienten «invadidos» o controlados por sus padres, crean un mundo privado en el que hay mucha fantasía, y también mentiras.

Maestros

- El colegio es un lugar abarrotado y público en el que tanto la acción como la participación se valoran altamente; los niños cuyo espacio familiar sea reducido y esté atestado de gente pueden necesitar buscar su privacidad en la escuela.

- Salas silenciosas o rincones en las clases pueden ayudar a cubrir esta necesidad.
- A veces los niños que no participan en una clase pueden estar buscando un rato de privacidad.
- La necesidad de un niño de tener un rato y un espacio para él solo debería respetarse.

12. Fomente una masculinidad comprensiva

Los chicos se sentirán más realizados y cómodos entre ellos si pueden desarrollar sus instintos emocionales en paralelo con otros aspectos de su personalidad. La masculinidad no tiene por qué identificarse solamente con las cualidades físicas, la agresión, la brutalidad, la crudeza o la crueldad, y excluir cualquier característica de dulzura.

No se está sugiriendo que los chicos pierdan su masculinidad y se conviertan en niñas o que los hombres ignoren los efectos de sus hormonas para imitar a las mujeres. Todos nosotros, incluyendo las mujeres, tenemos un lado duro y uno tierno. La autoestima de los chicos será mayor cuando no tengan que renegar de ciertos aspectos de ellos mismos.

Una encuesta reciente estimó que cinco millones de trabajadores son acosados anualmente. Eso representa mucha gente desgraciada. Por supuesto, las mujeres también pueden intimidar, pero es más común que sean hombres los que dispongan de puestos desde donde puedan ejercer un acoso. Si no cuestionamos la visión que los niños tienen de la masculinidad (asociada con poder, agresión y control), el perjuicio resultante puede extenderse a muchas personas.

Padres

- Permítale sentir y expresar ternura hacia muñecos, bebés, animales o sus hermanitos y hermanitas.
- Enséñele a preocuparse por los demás.
- Intente no criticar a ningún hombre que tenga un trabajo o un papel que requiera cuidar a los demás.
- No tolere un lenguaje ni un comportamiento hirientes porque considere que «los niños son niños».

Maestros

- Establezca en todo el colegio una tónica de comportamiento en la que no se tolere el lenguaje machista basado en la violencia, la agresión o la insensibilidad.
- Evite sugerir los servicios comunitarios como alternativa al deporte en la agenda semanal; los deportes no son incompatibles con las visitas a los ancianos.
- Establezca suficientes discusiones en clase para que los chicos tomen conciencia de los temas de género sexual y de la importancia de ser comprensivo con los demás.

13. Apóyelo cuando esté estresado

Contrariamente a lo que se cree, el estrés no es algo que sufren solo los adultos. De hecho, los niños reciben una dosis doble: por un lado debido a los acontecimientos de sus propias vidas, como el acoso en el colegio, la presión académica o los problemas relacionados con la amistad, y por otro debido al estrés de los adultos, ya que todos nos comportamos de manera más brusca con los niños cuando estamos preocupados por nuestros propios problemas. Añada a esto el hecho de que un niño tiene una menor experiencia vital y se conoce menos para confiar en que todo «volverá a la normalidad», y quedará claro que es más probable que un niño se sienta confundido y desorientado que un adulto.

Los acontecimientos estresantes que pueden desestabilizar a un niño son aquellos que conllevan separaciones de personas cercanas a ellos, que cambian su estatus o su imagen de sí mismos, o que varían el patrón de su vida, ya sea respecto a las rutinas o a las relaciones personales.

Algunos signos que pueden significar que está preocupado por algo son: un prolongado estado de tristeza e insatisfacción, aislamiento, trastornos del sueño, cansancio exagerado, sed excesiva, dolor de barriga u otros dolores, agresividad, robos, dificultad de concentración y falta de atención, y una dependencia acentuada.

Padres

- Pase más tiempo con su hijo; ayúdelo a mejorar su autoestima y asegúrese de que duerme lo suficiente.
- Tómese en serio sus preocupaciones y sus deseos.
- Infórmele de cambios y decisiones para que sienta que tiene un control sobre los acontecimientos, y mantenga rutinas regulares para aumentar su seguridad.
- Dar apoyo emocional a niños que lo necesitan desesperadamente es agotador; descanse para poder sentir que es capaz de dar.

Maestros

- Documéntese y esté alerta ante los posibles signos de angustia de sus alumnos —entre ellos un mal trabajo, una mala conducta, visitas frecuentes a la enfermería o ausencias injustificadas— y reaccione apropiadamente.
- Busque tiempo para hablar con cualquier niño que se muestre reservado y cansado en clase.
- Hable con sus colegas y contacte con la familia del niño si sus preocupaciones continúan.
- Sea consciente de que su propio nivel de estrés puede hacer que sea menos tolerante ante cualquier comportamiento provocador.

3

Cómo ampliar su autoconocimiento

Los niños sienten en general de manera intensa las expectativas de sus familias y de la sociedad. El hombre ideal debe ser capaz de aguantarlo todo, de poder hacerlo todo y de saberlo todo. Para ser digno de esa imagen, algunos niños sienten que tienen que ponerse una máscara y negar que desconocen algunas de las respuestas, ignorando así su sensibilidad natural y su aversión instintiva por la maldad. Cuanto más tiempo siguen por este camino, ya sea por protegerse a sí mismos del ridículo o por evitar a sus padres la desilusión, más se separan de la persona que en realidad son. Mientras hacen eso, descartan partes de sí mismos y crean un vacío peligroso en el que sus sentimientos están tan ahogados que no logran reflejarse en las causas y consecuencias de sus acciones.

El proceso de negación puede empezar muy temprano. ¿Cuántos padres se sienten cómodos cuando su joven hijo quiere que le dejen una luz encendida por la noche, o un muñeco, o que alguien se quede con él mientras se duerme? ¿Cuántos maestros se burlan de un niño que se asusta si le tiran una pelota rápida o le ponen una inyección, o si le produce angustia diseccionar un animal en clase de biología? Los niños necesitan valentía, pero esta debe provenir de su seguridad en sí mismos.

Nuestros sentimientos nos convierten en lo que somos. De bebés, nuestras percepciones y pasiones nos dan nuestro primer sentido de la identidad. Debemos tomar nota de aquello que nos gusta, nos frustra, nos entristece o nos duele.

Conocer nuestros sentimientos tiene una relevancia práctica también, como en el caso de la motivación y del progreso. Para desarrollarse, los niños deben ser conscientes de lo que son capaces de hacer y de lo que deben saber para poder aprender algo nuevo. Nuestra capacidad de autorreflexión nos permite sentir admiración ante la vida, apreciar la belleza y comprender a los demás; también mantener en el futuro relaciones íntimas y duraderas.

La investigación muestra que a los niños les cuesta mucho juzgarse a sí mismos. No solo evitan hacerlo, sino que a menudo tienen tal seguridad en sí mismos que no se preparan lo suficiente para un examen y no obtienen las calificaciones de las que son capaces. Si suspenden, dicen que todo irá bien si se esfuerzan un poco más. Los niños tienden a aferrarse a su inflado sentido de sí mismos, lo que significa que no pueden admitir una carencia, y mucho menos tolerarla. Los padres no ayudan a sus hijos si exigen que estos no tengan defectos.

El autoconocimiento favorece la comprensión emocional, es decir, la capacidad de notar y respetar las sensibilidades de los demás. Comprendemos a los demás comprendiéndonos a nosotros mismos. Las personas que viven y trabajan con niños tienen el deber de ayudarlos a desarrollar su sentido de sí mismos favoreciendo su autoconocimiento.

14. Dele opciones

Las opciones están por todas partes. Eso es estupendo porque nos ofrece más control sobre nuestras vidas. El sentido común nos dice que los niños también deben tener opciones, pero cuántas, cuándo y, sobre todo, ¿por qué?

En un mundo de opciones múltiples, los niños tienen que poder tomar decisiones informadas y responsables. Su hijo tomará mejores decisiones si es consciente de sus preferencias, si está suficientemente seguro de ellas para resistir la presión externa y si puede analizar las consecuencias de sus decisiones sobre él y sobre los demás. La capacidad de razonamiento y reflexión debería desarrollarse todo lo posible.

La opción de tomar sus propias decisiones es importante porque ofrece un campo de acción para la autodeterminación. Permite al niño sentir que tiene algo de control sobre su vida y que no es impotente: la docilidad no es una cualidad útil para el futuro. Tomar sus propias decisiones también le ayuda a agudizar su sentido de sí mismo porque hace que considere lo que de verdad desea.

Padres

- A los niños pequeños se les puede dar algunas opciones sobre qué quieren comer o beber, qué ropa van a llevar o qué cuento se les va a contar.

• Evite sugerir que salga y juegue con alguien; deje que se le ocurran ideas y que busque compañeros de juego él solo.

• Los niños mayores pueden decidir cómo y dónde hacer sus deberes, qué quieren ver en televisión (pero no cuánto tiempo), qué comprar con su paga, etc.

Maestros

• Respete las decisiones de los alumnos; no les pregunte qué quieren para luego ignorar su respuesta.

• Las opciones ayudan a dirigir el comportamiento en la clase; diga: «Podéis seguir hablando y tonteando o podéis ahorraros un castigo. Vosotros decidís».

15. Controle las opciones

En las familias numerosas suele ser imposible colmar los deseos y satisfacer los caprichos de todo el mundo. Eso no es bueno ni para los niños ni para los padres. Demasiadas opciones pueden minar el sentido de identidad del niño, pero si nunca toma verdaderas decisiones, no descubrirá lo que realmente le gusta. También puede sentirse confundido y desgraciado si tiene numerosas opciones acerca de demasiadas cosas, ya que no sentirá que sus padres llevan el mando y las reglas familiares se debilitarán.

Demasiadas opciones pueden conducir fácilmente a peleas, ya que el niño no comprenderá cuándo sus pretensiones van demasiado lejos. Además, le permiten controlar y manipular las situaciones; no le preparan para las decepciones. Pueden animarle a volverse descarado e insensible frente a las necesidades de los demás y pueden disminuir su responsabilidad porque le permiten decir: «Perdón, he escogido mal, escogeré esta otra cosa», cuando su primera decisión no le acaba de gustar.

Para ayudar a un niño a reforzar y profundizar su autoestima, las opciones ofrecidas deben ser limitadas y estar controladas.

Padres

- Controlar las opciones significa ofrecer decisiones de tipo «esto o aquello»; ustedes ponen límites a las opciones, habiendo decidido de antemano las cosas con las que puede estar de acuerdo.
- Limitar las opciones significa ofrecer la oportunidad de escoger solo algunas veces al día.
- Evite que escoja con total libertad; por ejemplo, si hace frío, es mejor decir: «¿Quieres llevar tejanos o chándal, hoy?», para que no escoja pantalón corto. Tampoco deberían ofrecerse más de tres cosas en el menú del desayuno.
- Asegúrese de que las opciones que le ofrece son realistas.
- Los niños no deberían decidir normalmente lo que va a hacer la familia en su tiempo libre.

• Tener capacidad de elegir es algo motivador; los niños que tienen algunas opciones sobre lo que van a hacer y sobre cómo lo van a hacer suelen estar más comprometidos con su trabajo.

• Ofrezca opciones dentro del trabajo de un proyecto —no demasiadas porque entonces resulta muy difícil comenzar el proyecto, pero sí las suficientes para fomentar la individualidad.

• Si existen pocas posibilidades de dejar elegir cosas en un trabajo, pueden intentarse las actividades basadas en opciones como «Si pudiera ser un árbol/un alimento/un color/un instrumento musical/un coche/un país/un mueble/un animal, sería un…, porque…».

16. No le imponga sus puntos de vista

«Mi padre era insoportable. Era incapaz de discutir las cosas; se limitaba a exponer su punto de vista pensando que los demás estábamos desinformados y éramos unos estúpidos. Intentaba decirme lo que tenía que pensar y cómo debía hacer cada cosa. Cuando tuve que buscarme la vida, me resultó difícil sacarme su voz de la cabeza.»

Para un padre es muy fácil convencerse de su estatus y sabiduría como padre o adulto y sostener sus opiniones, hacer declaraciones unilaterales e imponer sus decisiones casi sin darse cuenta, aplastando la necesidad creciente de su hijo de descubrir lo que él opina.

Demasiadas críticas o adulaciones, o el uso extensivo de premios, pueden llevar al mismo resultado: está pidiendo a su hijo que viva basándose exclusivamente en sus puntos de vista y en sus valores, sin dejarle espacio para formar los suyos propios. Tiene que haber un equilibrio. Los niños, en especial durante la adolescencia, cuando analizan lo que son para volverse a reconstruir, a menudo exploran su nueva identidad rechazando cualquier modelo de los padres. Deberían tener la libertad de cruzar esa carretera sin ser atropellados.

Padres

- Pregúntele su punto de vista; diga cosas como: «Me gusta, pero lo importante es lo que tú piensas», en lugar de «Es fantástico, ¿no te parece?» o «¿Qué te pareció ese programa de televisión?» y no «Ese programa era una porquería».
- Piense detalladamente en todo aquello que es importante para usted y comprenda que es probable que él decida desligarse de todo ello a medida que se vaya separando de usted; si lo hace, no se lo tome como algo personal.
- Con niños mayores, cuanto más intente imponerles sus puntos de vista y sus valores y dé por supuesto que deberían aceptarlos, más probable será que los rechacen.

- Anime a los alumnos a intuir lo que puede ocurrir tras un experimento de ciencias, por ejemplo, en lugar de decirles lo que deberían esperar.
- Resista la tentación de argumentar a favor o en contra de los trabajos de clase para ahorrar tiempo; pregunte su opinión a los alumnos.
- Si se encuentra en la situación de tener que resolver un conflicto entre dos niños, no les imponga soluciones, anímelos a idear una propia.
- En debates generales, aunque tenga una opinión sobre algo, manténgala en silencio y deje que los niños exploren las suyas propias; eso no significa que no pueda cuestionar o poner a prueba lo que digan.

17. Deje sitio en su mundo para sus sentimientos

«De niño, fui forzado a vivir en un mundo emocional plano, nunca se me permitió expresar una alegría sin límites o una tristeza profunda. El hecho de estar restringido por la moderación en todas las cosas me sofocaba, y casi perdí el sentido de mí mismo. Mi hijo salta de arriba abajo cuando está contento y a mí me encanta verlo.»

¿Cuántas veces le han dicho a usted cosas como «No tienes derecho a sentir eso»? ¿No le hizo subirse por las paredes y sentirse insignificante? En principio, los tiempos han cambiado. Ahora comprendemos que los sentimientos son tan importantes como los pensamientos en el desarrollo de nuestros hijos como seres humanos únicos y generosos. Si rechazamos los sentimientos de nuestro hijo, lo rechazamos tal como él se siente.

Antes solía darse mayor importancia a los pensamientos que a los sentimientos. Estos se asociaban a los instintos y a los animales y habían gobernado a los seres humanos cuando éramos primitivos, pero no ahora que somos civilizados y sofisticados. Sin embargo, los sentimientos son a menudo una respuesta racional a una situación, y pueden ser cruciales para la supervivencia.

Padres

- Si usted acepta los sentimientos de su hijo, él aprenderá a vivir con ellos, a manejarlos y a disfrutarlos.
- Enseñe a su hijo a pedir lo que necesita; «Parece que estás triste. ¿Te gustaría que te abrazara?» puede hacer que se sienta sentir libre para decir: «Me siento triste y quiero que me abraces».
- Acepte sus disculpas, y dígale: «Te he contestado bruscamente porque estaba de mal humor por algo que ha ocurrido hoy. Lo siento».
- Está bien sentir, pero no herir; los celos, el enfado, la frustración y el resentimiento tienen que manejarse, no enterrarse.
- Los adolescentes a menudo usan la música para explorar o expresar sus sentimientos.

- Dé a los niños oraciones incompletas para rellenar como: «Estoy más feliz cuando...», «Cuando estoy enfadado, yo...», «Me siento importante cuando...», «Me siento frustrado cuando...», «Tiendo a abandonar cuando...», etc.
- Analice la palabra «enfado»; invite a su clase a comentar cómo sienten o ven un enfado; sugiera asociaciones de palabras, como contrariedad, ira, frustración, etc.; pida a los alumnos que describan situaciones relevantes y que consideren si el sentimiento que se describe corresponde a alguno de los conceptos discutidos.
- Pida a los alumnos que escriban en un diario de «sentimientos» acerca de su trabajo, del colegio o de algún acontecimiento.

18. Cuéntele su historia

«Diste tus primeros pasos para escaparte de la aspiradora. Te daba terror. Un día, cuando se acercó a ti, ¡saliste a toda pastilla!»

A los niños pequeños les encanta oír historias sobre ellos —de cuando eran bebés, de cómo reaccionaron sus hermanos mayores cuando nacieron ellos, etcétera—. Esas anécdotas dan a su hijo una historia. Son piezas del rompecabezas de su vida que él necesita para completar su imagen.

Los chicos disfrutan con historias sobre sus padres

—su infancia y su vida escolar— o sobre sus tíos y tías. Esas historias refuerzan el sentimiento de pertenencia. Cada historia actuará como una fibra conectora que creará un sentido de continuidad en él. Al igual que una tela de araña, cuantas más fibras conectoras tenga, más fuerte se sentirá.

También es importante hablar de los momentos difíciles. Si se dejan en blanco, no solo romperán la fibra conectora y crearán un agujero en su historia, sino que también dañarán su confianza en el futuro.

Padres

- Saque fotos de la familia de vez en cuando. Hable de las personas y situaciones que aparecen en las fotos; eso puede rellenar agujeros en su comprensión de la historia familiar, hacer reír, llevar a futuras conversaciones, reforzar la identidad de su hijo y aumentar su confianza.
- Recuerde a menudo las vacaciones, los cumpleaños o cualquier situación que reunió a la familia para algo divertido.
- Si puede, coleccione y guarde para su hijo objetos como sus juguetes favoritos, libros, ropa y sus primeros zapatos para que pueda revivir su pasado y darle vida de nuevo.
- Hable de las dificultades, no las entierre; tiene derecho a obtener información sobre él mismo.

- Comente en grupo experiencias que los niños hayan tenido y que hayan marcado sus vidas de alguna manera; cómo se sintieron en aquel momento, etc. Pida a los niños que tracen una línea vertical en una hoja de papel (la línea representa sus vidas desde su nacimiento hasta el presente) y que escriban sus experiencias positivas a un lado de la línea y las negativas a otro.
- No todos tenemos una historia familiar feliz que contar; céntrese en experiencias buenas y malas, felices y tristes para que nadie se sienta excluido.

19. Fomente la reflexión

Reflexionar significa colocarse fuera de uno mismo, analizar lo que ha pasado y hacer preguntas de tipo: ¿por qué?, ¿cómo? o ¿y sí? Significa «consultar con uno mismo» y «volver a pensar». La reflexión implica revivir las experiencias y mantener una conversación silenciosa con uno mismo para entenderlas y descubrir la conexión entre ellas. Uno aprende a conocerse y a comprenderse mejor a través de la reflexión. Ayuda a entender mejor la vida, pero a muchos niños les resulta difícil.

Fomentar la reflexión en los niños es una buena idea, pues pensar en el pasado es el primer paso para pensar en el futuro, lo cual es importante para aprender, mantener relaciones con los demás, manejar conflictos sin violencia y planear su vida. Si los niños no pueden reflexionar sobre sus puntos de vista y sus acciones, valorar lo bueno y lo malo y lo que deberían cambiar, serán incapaces de desarrollarse o de progresar en algo. Tomar conciencia de sus propios sentimientos y de su comportamiento les ayuda a comprender los sentimientos y el comportamiento de los demás y, por consiguiente, a anticipar posibles problemas con los demás. Comprender su pasado les ayuda a enfrentarse a su futuro.

Padres

- Recapitule y reflexione cada noche con su hijo sobre los acontecimientos del día como parte de la rutina al irse a acostar, y anímelo a «pensar en voz alta» sobre los aspectos buenos y malos de lo ocurrido.
- Hágalo usted también; decir cosas como «Me pregunto si podría haberlo hecho de otra manera» y «Lo que pasó me dio mucha alegría o tristeza» o disculparse muestran los beneficios de la reflexión.
- Lea a su hijo libros con argumento desde la edad más temprana posible.
- Fomente los juegos imaginativos y anímelo a disfrazarse.

Maestros

- Asegúrese de que los niños leen tanto ficción como no-ficción y comente con ellos los argumentos y los personajes.

- Fomente las discusiones sobre situaciones hipotéticas.
- Introduzca el intercambio de papeles en las funciones teatrales para explorar experiencias alternativas.
- Pida a los niños que escriban dos aspectos negativos y dos positivos de sí mismos en dos hojas separadas. Escríbalos en la pizarra y pregunte cosas como: «¿Siempre molestáis a los demás? ¿Cuándo? ¿Por qué?», etc., para ayudarles a comprender que su comportamiento depende de situaciones específicas.

20. Disponga de un tiempo de calma y silencio

El típico niño es un hatillo de energía que necesita moverse y desprenderse de ella, pero también precisa poder calmarse cuando la situación o una persona lo requieran y para sentirse cómodo consigo mismo cuando deja de moverse. La actividad es estupenda, pero es más probable que los niños exploren su interior si disponen de un tiempo de calma.

Un tiempo de silencio es una oportunidad para estar calmado, para relajarse o incluso para escaparse. También significa estar en paz o estar descansado y satisfecho de estar solo. Cada niño tiene su propia manera de calmarse. A unos les puede gustar mirar la televisión; otros necesitarán los límites de la bañera para contenerse. A algunos les relajará chutar una pelota, otros se quedarán pensativos mientras garabatean o dibujan.

Estar en calma y en silencio da al niño la oportunidad de dejar volar sus pensamientos, de darse cuenta de lo que lleva dentro y de aprender a estar en paz consigo mismo.

Padres

- Descubra sus mecanismos para calmarse —especialmente después de juegos movidos o al salir del colegio, cuando le puede resultar difícil relajarse— y anímelo a buscar la calma.
- Respete su necesidad de un espacio silencioso, aunque no sea en su casa.
- Fomente los ratos juntos en silencio: vea la televisión o una película con él, busque tiempo para abrazarlo por la mañana si todavía es pequeño o llévelo en coche a casa de sus amigos algunas veces.

Maestros

- Para los niños que asisten a la escuela primaria, unos ejercicios simples de relajación pueden funcionar muy bien. Los niños ya mayorcitos probablemente necesiten que los azucen para que participen, pero vale la pena probarlo.
- Tenga un final claro para las lecciones, sobre todo para aquellas en las que ha habido mucha actividad; utilice ese tiempo para hacer un resumen y para animar a los niños a reflexionar sobre lo que les ha enseñado.

21. Explique sus pensamientos y sentimientos

«Los niños necesitan más de modelos que de críticos», dijo el filósofo francés Joubert. Los niños aprenderán a identificar y a expresar sus pensamientos y sentimientos de forma natural si ven que usted hace lo mismo.

Resulta especialmente importante para los niños que sus padres o modelos masculinos sean abiertos acerca de sus emociones y reflexionen sobre sus ideas. Un elemento común y poco útil de la masculinidad machista es que las opiniones se expresan de una manera dominante y dictatorial, y se presentan como «la verdad». Eso destruye la posibilidad de una visión distinta de las cosas.

Los pensamientos y los argumentos deberían exponerse y explicarse, no afirmarse, salvo en el caso de algunas cuestiones de disciplina. Un principio útil es: afirme su derecho a ser escuchado, no su visión del mundo. La fuerza interna está basada en la tolerancia y el respeto, no en la dominación. Eso es liberador, porque si uno no necesita dominar, tampoco le es preciso tener siempre razón.

Padres

- Si está enfadado o frustrado, explique por qué; no se limite a chillar.
- Cuando explica sus reacciones ante las acciones de su hijo, él aprende a estimar y a anticipar los resultados de su comportamiento; eso le ayuda a ser responsable.
- Explíquele cómo llega a una decisión diciendo por

ejemplo: «Primero pensé esto, luego comprendí aquello, y al final decidí que...».

- Es usted responsable de sus sentimientos; diga: «Me enfadé cuando...» y no «Me hiciste enfadar».
- Si su hijo suelta tacos, pídale que busque una palabra alternativa para expresar lo que está intentando decir y haga usted lo mismo.

Maestros

- Ayude a sus alumnos a encontrar las palabras que mejor expresen sus pensamientos y sentimientos.
- Intente expresarse siempre lo mejor posible.
- Utilice frases en primera persona para evitar culpar de algo a algún alumno o grupo de alumnos en concreto.
- El conocimiento emocional requiere un vocabulario emocional; los niños necesitan descubrir qué palabras pueden usar para expresar sus sentimientos. Si la información se les presenta de manera adecuada, disfrutarán ampliando su vocabulario para reemplazar imprecaciones.

22. Asegure la comunicación

«Yo creía que mi hijo estaba bien. Parecía seguir con su vida, a pesar de estar solo a menudo, así que yo seguí con la mía. No hablábamos mucho. Entonces, en plenos exámenes al final del bachillerato, se estrelló. Ahora no estudia, no sale, no habla. Tenemos un gran problema.»

Si los niños y los adultos no se comunican, las consecuencias pueden ser graves. La capacidad de comunicación es la base de la salud y del éxito social y emocional. El niño no se sentirá cómodo hablando si los adultos, especialmente sus padres, no le hablan a él. La falta de conversación implica falta de interés, que él tenderá a interpretar como abandono. Por ello, el silencio familiar puede tener un impacto devastador en su autoestima y en la confianza en sus futuras relaciones.

La conversación familiar ayuda al niño a sentirse cómodo a la hora de expresar sus opiniones frente a otros adultos en posiciones de autoridad y entre compañeros; contribuye a la seguridad en sí mismo y le ayudará a mantener su postura en la relación con profesionales o con el mundo oficial en el futuro.

Padres

- Siga hablando, incluso si resulta incómodo; cuanto más lo haga, más fácil resultará.
- Intente comer con él tan a menudo como pueda; si solo lo hace de manera ocasional, ignore sus malos modales y reprima su ira si lo provoca con temas controvertidos.
- Si quiere quejarse de algo, empiece con la palabra «yo», diciendo por ejemplo: «Yo no estoy contento haciendo todas las tareas y necesito ayuda».
- Párese siempre y escuche.
- Si tiene que ausentarse, por trabajo o por placer, busque tiempo a su regreso para ponerse al día con él.

- Nunca suponga que los alumnos callados y pensativos están bien, aunque faciliten su trabajo de maestro.
- Aunque los alumnos callados pueden desconectar simplemente para tener un momento de paz, esté alerta si la situación se prolonga demasiado; converse de manera informal con esos alumnos, hable de ellos con sus colegas y actúe con prontitud si lo considera necesario.
- Varíe la exposición de las lecciones y permita trabajos en grupos reducidos, ya que eso aumenta la participación.
- En todas las lecciones, recalque la importancia de los distintos aspectos de la comunicación: escuchar a los demás, reflexionar y ser tolerante con otros puntos de vista.

23. Fomente la autoevaluación

Aunque a los niños les encanta saber que han hecho algo que nos gusta, lo que deberíamos hacer es intentar animarlos desde el principio a tener la suficiente seguridad en sí mismos para juzgar y halagar su propio comportamiento.

A los niños les resulta especialmente difícil criticarse a sí mismos y, cuando lo hacen, muchos de ellos son demasiado gallitos y se dan más crédito del que merecen. Aunque esa autoconfianza sea divertida de presenciar, puede resultar peligrosa, llevando a la autosatisfacción, la pereza, la mala preparación y las expectativas ilusorias, sin mencionar la autoestima herida. Su hijo, ante las exigencias a las que tiene que hacer frente, puede reaccionar tanto con un ego destrozado por la negación y la pretensión como con la resolución de compensar cualquier falta.

La autoevaluación es importante porque resulta clave para el aprendizaje independiente, que es el camino del futuro. A muchos niños les resulta incómoda porque no les gusta ni sentirse responsables ni admitir que podrían haberlo hecho mejor. Pero la única manera de vencer esta dificultad es obtener más práctica de autoevaluación. Las críticas les resultan menos dolorosas cuando vienen de ellos mismos.

Padres

- Evite ser el único juez para que su hijo no dependa de su opinión y pierda la fe en sí mismo.
- Cuando su hijo le pregunte qué piensa sobre algo que ha realizado —un dibujo, una redacción, un éxito deportivo, una práctica musical— devuélvale la pregunta; lo que importa, al final, es lo que él piensa de su esfuerzo. Acostumbrarlo a decidir por sí mismo es algo fundamental.

Maestros

- Se puede animar a los niños a evaluar el trabajo entre ellos, en parejas, como un primer paso para ser más honestos con la evaluación de su trabajo.
- Los niños en las guarderías y jardines de infancia tra-

bajan bien con el método «planea, haz y revisa». Los niños mayores también pueden hacerlo.

- Al final de cualquier trabajo, puede pedir a los niños que digan qué nota creen que merecen. Luego usted puede explicar por qué y en qué su evaluación ha correspondido, o no, a lo que se le pedía.
- Una vez que la autoevaluación se convierta en algo y se considere normal, no habrá excusa para que los niños juzguen sus trabajos de manera exageradamente optimista.

24. Oiga el sonido del silencio

«Durante la adolescencia nuestro hijo se volvió prácticamente mudo. Se pasaba horas en su habitación y apenas hablaba. Yo estaba frenético, pero varios amigos me dijeron que a ellos les pasaba lo mismo con sus hijos, así que me fui relajando al respecto. Pasó la fase, por supuesto, y desde que empezó la universidad ha vuelto a ser el que era.»

Este padre acabó confiando en su instinto y las cosas acabaron bien. Pero tenga cuidado. Si su hijo se aísla y se vuelve silencioso, no debe usted pensar necesariamente que es normal, ya que puede no serlo. Su comportamiento podría ser un signo de tristeza y depresión.

Por otro lado, su hijo no tiene por qué hablar todo el rato. El silencio puede significar que se siente cómodo y no necesita llenar cada momento con palabras; puede interpretarse como un silencio en comunión. Lo importante es no ignorar el silencio de un niño. Oiga el silencio, reflexione sobre él, acéptelo durante un tiempo y vea si puede averiguar qué está haciendo con ese silencio. E intervenga si cree que se está aislando y que hay otros signos que pueden sugerir problemas.

Padres

- Siga hablando con su hijo —sobre cosas que no tengan por qué iniciar una pelea—, pero no le obligue a responder.
- Sugiera hacer algo con él que no requiera hablar pero que les permita compartir la experiencia, como nadar, jugar a bolos o ir a un partido de fútbol.
- Vigile si su actitud resulta preocupante, como salir tarde para ir al colegio o faltar a clase a menudo, cambios en la cantidad de alimento que come, olores que puedan sugerir el uso de drogas o de alcohol, o dejadez en su apariencia física.

Maestros

- Las actividades en grupos reducidos fomentan la participación y reducen la posibilidad de esconderse detrás del silencio.
- Un niño que durante la clase se encierra en su silencio puede tener miedo de equivocarse o estar distraído por sus problemas; es importante averiguar por qué no habla.
- Intente introducir actividades que requieran la participación oral de todos los alumnos uno a uno.

4

Darle una imagen positiva de sí mismo

Para afrontar el cambio y la incertidumbre que caracterizarán el siglo XXI, los niños necesitan aprender a verse a sí mismos y a sus capacidades de manera positiva. Si su hijo tiene que hacer frente a varios cambios de carrera con éxito, adaptarse a nuevas situaciones y a varios mercados, venderse como consultor o como artesano bien preparado o negociar de manera constructiva dentro de una relación, tiene que creer en sí mismo y sentir que tiene muchos talentos que ofrecer. Si crece viéndose a sí mismo como fuente de angustia, preocupación, tristeza y desengaño, no tendrá la confianza para afrontar retos o compromisos.

¿Cómo pueden, pues, los adultos ayudar a formar niños motivados, entusiastas y llenos de optimismo? Es vital apoyarlos, ampliar sus horizontes y ofrecerles comentarios positivos, pero también es esencial tratar de no culparlos, molestarlos o criticarlos todo el día, ya que eso les transmite mensajes dañinos sobre su competencia y su simpatía, con las correspondientes consecuencias para su estabilidad emocional, su autoestima y su motivación.

No solo duelen los palos y las piedras. Podemos entender que, si se le dicen cosas desagradables a un niño en el patio, eso le dolerá. Es mucho más difícil reconocer que nuestras constantes críticas pueden hacer que un niño se sienta mal y minar su confianza, su independencia, su iniciativa y su moral. Estará siempre mirando su espalda, oyendo su voz, preguntándose cuál será la próxima acción que usted desaprobará. Los gritos, la culpa inmerecida y los castigos duros e inconsistentes tienen un efecto similar: destruyen su seguridad.

Encontramos muchas maneras de justificar nuestras palabras negativas y excusarnos a nosotros mismos. Podemos pensar que lo merece o que sabe que lo queremos mucho en realidad, o ver sus reacciones provocadoras como un signo de que nuestras palabras no lo han herido, sin darnos cuenta de que el escudo que levanta es una protección ficticia. Los hombres, en especial, pueden pensar que los niños necesitan endurecerse si consideran que estos se sienten heridos con demasiada facilidad. Pero un niño que no soporta «las críticas constructivas» ha soportado de hecho un cubo lleno de ellas y no debería recibir más si debe conservar algo de energía para proteger su autoestima.

El abandono también duele. Los delincuentes juveniles institucionalizados dicen sentirse abandonados por padres que llevan vidas en las que ellos apenas existen y que les dan demasiada libertad para su edad, algo que ellos interpretan como indiferencia. Lo que cuenta para un niño no es que sus padres declaren que lo quieren, si no que se lo demuestren de manera satisfactoria para él.

25. Comprenda sus particularidades

Cada niño es diferente. Un niño puede adaptarse con facilidad, ser afectuoso, divertido, sensible, de lágrima fácil, tener dificultad a la hora de concentrarse o de compartir, vivir en un mundo de fantasía o ser muy práctico. Puede ser flexible, celoso, generoso, prosaico o caprichoso, ruidoso o callado, ordenado o desordenado, gregario o amante de la soledad. Puede sentir, jugar, pensar, aprender y disfrutar de las cosas de una manera distinta a los demás. Son esas «particularidades» las que definen quién es como ser humano, sea cual sea su sexo. Los niños tendrán una imagen más clara de los diferentes elementos que existen en su interior si los adultos cercanos a ellos expresan lo que ven en palabras.

Para tomar la analogía de una paleta de pintor, cuantos más «colores» o rasgos se identifiquen más variado e interesante será el cuadro que se pinte. Los padres, y a veces los maestros, a menudo consideran a un niño desobediente. Si no es «bueno» (que para esos padres quiere decir que no hace nunca nada malo), automáticamente se le considera desobediente. En esa situación, los niños aprenden a verse a sí mismos como buenos o malos, y si se consideran malos también se ven como perdedores.

Padres

- Llene la «paleta» de la personalidad de su hijo. Escriba lo que le gusta y le disgusta: lo que le gusta comer y lo que no, sus juegos favoritos, sus entretenimientos y actividades, la ropa, lo que hace bien, los lugares a los que le gusta ir, cómo trabaja mejor.

- Sea positivo: Los rasgos que a usted le parecen negativos pueden ser el reflejo de rasgos positivos; por ejemplo, puede que se defienda frente a sus amigos pero ser «demasiado agresivo» con usted.
- Dígale lo que ve: «Me gusta mucho como...» o «Eres muy sensible, ¿verdad?».

Maestros

- Consulte con otros colegas para determinar los puntos fuertes y débiles de un alumno que le parezca «difícil».
- Sea consciente de los distintos estilos de aprendizaje (pregunte lo que los alumnos prefieren) y varíe las lecciones de manera acorde.
- Divida a los alumnos en pequeños grupos; en cada grupo, seleccione a un alumno y pida al resto de los alumnos del grupo que mencionen todos los puntos fuertes y cualidades que vean en él (no se permitirán comentarios negativos); una persona debería escribir por lo menos diez o quince de esas cualidades.

26. No lo compare a otros niños

Para algunos niños, vivir a la sombra de un hermano o hermana es una pesadilla que los acompaña el resto de sus vidas. Nunca logran sacudirse la humillación y el sentimiento de inferioridad. Comentarios como: «Tu hermano no hubiera hecho nunca un trabajo así» o «No tienes tanto talento como tu hermana» pueden destruir el orgullo y matar la ambición. Los amigos también pueden usarse (o abusarse) como modelo frente al que medirse con preguntas como: «¿Por qué no puedes hacerlo tan bien como Juan?». Los adultos que sufrieron estas provocaciones de niños concuerdan en que, en lugar de servirles de estímulo, les amargaron la niñez.

Incluso los halagos que intentan ser equilibrados pueden ser limitados en su beneficio. Decir: «Daniel es el cerebrito de la familia, pero Jaime es el atleta» puede dar a cada niño algo de lo que estar orgulloso, pero hará más improbable que cualquiera de ellos explore su potencial para destacarse en el campo de interés del otro. Los hermanos pueden ser diferentes, pero también tienden a diferenciarse para crearse un territorio propio. Cuando las habilidades se convierten en territorios, los niños pueden volverse muy celosos de ese espacio que les pertenece.

Padres

• Cada niño responde —y tiene el derecho a responder— de manera distinta frente a una situación, porque cada niño es único; las comparaciones minarán su confianza.

• Deje claro que hay sitio para más de un artista, poeta, pianista o jugador de tenis en la familia.

• Poner etiquetas causa resentimiento y puede tentar a un niño a hacer lo contrario simplemente debido al enfado.

- No compare a su hijo con lo que usted era o hacía a su edad; él es él, no usted.

Maestros

- Valore cada niño positivamente como individuo —las referencias a los hermanos no deberían usarse nunca para condenar o forzar un trabajo.
- Apoye especialmente la originalidad y la creatividad.
- Las comparaciones más útiles, si deben hacerse, son autorreferenciales: compare el trabajo actual del niño con el último que hizo.

27. Respete sus sentimientos

Los sentimientos son fundamentales; hacen que seamos quienes somos. A muchos padres les resulta difícil aceptar que sus niños sean miedosos y ansiosos. Se supone que los hombres no tienen que evidenciar esas vulnerabilidades, y cuanto antes las supere el niño, antes podrán sus padres sentirse seguros, porque su hijo será un «verdadero» hombre y podrá dejar de malgastar un tiempo y una energía valiosos luchando contra esos sentimientos y esos miedos. A los padres les resulta irracional y pone a prueba su paciencia el miedo a la oscuridad, al agua, a las arañas, a perder las amistades, al fracaso, a las pesadillas y a los monstruos. Sus respuestas son racionales, pero para el niño el miedo puede ser puramente emocional y, por lo tanto, irracional.

Tanto si se trata de encanto como de desencanto, de miedo como de furia, de placer como de celos, los niños tienen derecho a que sus sentimientos sean reconocidos y respetados por sus padres y por aquellos que los cuidan, al igual que se respetarían los de las niñas.

Padres

- Respete sus miedos y ansiedades.
- Comparta sus encantos y desencantos.
- Reconozca y describa cómo cree que debe de sentirse para que desarrolle un vocabulario que le ayude a comprender sus reacciones.
- Tener celos es natural, normal y aceptable, pero no es aceptable herir a alguien por celos.

Maestros

- Como parte de una estrategia de alfabetización, a los niños pequeños se les puede dar un cuaderno de «sentimientos» en el que puedan escribir sus impresiones de ciertas lecciones, proyectos o deberes.
- El miedo al fracaso explica una amplia gama de comportamientos que impide el aprendizaje; anime a los niños a expresar sus miedos.
- A todas las edades, el teatro y el cambio de papeles pueden ayudar tanto a los niños como a las niñas a explorar otras emociones de manera «segura».

- Los debates en grupos mixtos permitirán a los niños a aprender más sobre la empatía.
- Anímelos a explorar sentimientos a través de la literatura.

28. Escuche con los dos ojos

«Mi padre no me escucha realmente. Me gustaría que dejara el periódico o apagara la tele cuando le estoy hablando. Me siento como si no existiera.»

Escuchar requiere mirar tanto como oír. Cuando escucha a medias, significa que está concentrado en otra cosa que está haciendo y no está mirando a su hijo. Cuando lo mira, ocurren tres cosas: primero, tiene que parar lo que está haciendo para concentrar toda su atención en él; segundo, el contacto visual le permite fijar sus pensamientos en él y en lo que desea decirle; tercero, eso le permite también leer su lenguaje corporal y sus expresiones faciales, lo cual le ayudará a interpretar cualquier pensamiento que su hijo no sea capaz o no desee expresar.

Cuando los padres y los maestros no escuchan con atención, o simplemente no escuchan, están dando a entender que ellos y sus quehaceres o preocupaciones son más importantes que los niños. Estos se sentirán ignorados e insignificantes y su autoestima no podrá florecer.

Padres

- Cuando su hijo quiera decirle algo, use primero sus ojos, y no sus oídos; deje lo que esté haciendo y céntrese en él.
- Estudie su expresión facial, busque cualquier significado oculto, observe cómo se mantiene de pie o está sentado, y preste atención a su tono de voz.
- Hágale saber que lo toma en serio y dígale: «Esto parece importante, mejor me siento y te escucho con atención».

Maestros

- Muéstrele que está al tanto y diga: «Creo que en esta historia hay algo más que no me has contado».
- Enseñe a los alumnos la importancia del lenguaje corporal y recalque su aplicación en las actividades orales de la clase.
- Haga que los niños escuchen y respeten las contribuciones de los demás niños en discusiones, debates y presentaciones.

29. Mire con los dos oídos

Al igual que escuchar con los dos ojos, ver con los dos oídos significa ayudar a los adultos a ser más sensibles con los niños y sus experiencias. El mundo interior de un niño es tan importante como su mundo exterior. Por supuesto, ambos afectan a la calidad de su autoestima, pero el primero es probablemente más importante.

Se consigue una breve visión de lo que puede estar pasando dentro de él cuando habla de sí mismo. Por ejemplo, uno puede pensar que un niño va bien en el colegio, y que le ha ido especialmente bien en cierto examen. Usted piensa que puede relajarse y supone que él debe de sentirse orgulloso de sí mismo. Pero quizá reaccione ante el examen diciendo: «Fue pura churra, no lo merecía» o «Seguro que cateo la próxima vez». Sus palabras muestran que, dentro de sí mismo, tiene dudas sobre su capacidad. A lo mejor tiene muchos amigos, pero si queda con uno que luego no viene y su hijo dice: «Seguramente ha recibido una invitación más divertida», eso indica una tendencia a criticarse a sí mismo.

Padres

- Escuche las cosas negativas que diga de sí mismo y reformúlelas de manera positiva.
- Mantenga un diario de lo que dice y la frecuencia con la que lo dice, incluso si lo hace con aparente jovialidad, para entender el patrón o la importancia del problema.
- Negar simplemente la autocrítica de un niño no servirá de mucho; repita a menudo, durante un tiempo, que usted lo ve distinto; por ejemplo, dígale: «Entiendes las cosas muy rápido/eres divertido/me lo paso bien contigo ...» o «Te veo capaz de...».

- ¡Sea positivo! Desanime la negatividad y desafíe las afirmaciones de tipo «No sé hacerlo».
- Promueva tareas de autoevaluación en las que los alumnos escriban sobre su rendimiento, destacando las áreas en las que creen que lo han hecho mejor.
- Si un niño dice que no sabe nada, trace una línea horizontal con las palabras «No sé nada» en un extremo y las palabras «Lo sé todo» en el otro; invítelo a marcar el punto que representa lo que en realidad sabe y el niño se dará cuenta de que en realidad sí sabe algo.

30. Respete su juego

«De niño me lo pasaba genial inventando cuentos, haciendo travesuras y jugando fuera con mis amigos.»

A los niños les gusta jugar. Les gusta divertirse tanto con amigos como con la familia. El juego es esencial para el desarrollo de la autoestima y de la seguridad en sí mismo. A través del juego, los niños aprenden a descubrir quiénes son, porque a través de sus decisiones sobre qué hacer, a qué jugar y con quién, qué dibujar, etc., van armando su concepto de sí mismos y ganando una identidad, dos requisitos esenciales para adquirir autoestima. A través del juego, los niños también descubren lo que pueden hacer, porque el juego desarrolla tanto las habilidades verbales, sociales y manuales, como las de planificación, de resolución de problemas, de negociación y físicas.

Todo eso les ayuda a aumentar su autoconfianza y su habilidad para relacionarse y hacer amigos.

Finalmente, a través del juego independiente, aunque con límites de seguridad, los niños se van dando cuenta gradualmente de que pueden apañárselas solos.

Padres

- Anime a su hijo a jugar con usted, con sus amigos o solo, dentro y fuera de casa.
- Déjele elegir el juego la mayoría de las veces.
- Respete su juego y avíselo con antelación cuando tiene que parar; no destruya sus fantasías con bromas o ridiculizándolas.
- Interpretar, disfrazarse, dibujar y jugar a juegos creativos es tan importante para los niños como para las niñas y les permiten ser espontáneos, creativos e imaginativos, cualidades que les ayudarán a ir bien en el colegio.
- Participe en sus juegos de ordenador; es el camino del futuro.

Maestros

- Respete las aficiones e intereses de los niños; utilícelos para presentaciones y proyectos individuales.
- Representar papeles e improvisar puede ser divertido y ayuda a los niños a soltarse —los que son callados pueden representar un papel que requiera seguri-

dad y los más bullicios os un papel que requiera subordinación.

- Aunque el juego es importante, hay momentos en que debe cesar; un tiempo de relajación después de los recreos puede ayudar a marcar los límites.
- Respete los juegos de acción de los niños pequeños, porque suelen tener más argumento de lo que parece.

31. Deje que lo impresione

A los niños les anima mucho que alguien que admiran de verdad se muestre impresionado con ellos. Se llenan de confianza y placer. Y el bien que les hace a su autoestima es infinito. Mostrarse impresionado es una forma de halagarlo que resulta muy efectiva y directa.

Estar impresionado tiene muy poco del juicio medido sugerido en otras formas de halago. Y lo más importante: es incondicional. «¡Estoy realmente impresionado!» o «¡Ha sido increíble!» lo dice todo; no hay síes ni peros que cualifiquen o menoscaben el mensaje. Cuando se está impresionado, no cabe la envidia.

Decir que uno está impresionado también limpia el aire de trazas competitivas. Algunos padres, sobre todo, se sienten obligados a ser más fuertes, mejores y más inteligentes que sus hijos —y a probarlo—. Pero estar impresionado no significa que el niño haya ganado de alguna manera o que vaya a dejar de intentarlo; simplemente muestra admiración, que es lo que los niños desean con toda su alma.

Padres

• Pídale que le ayude a arreglar algo, a ordenar algo, a decidir cosas, a limpiar algo, y luego diga: «¡Bravo! Sí que lo haces bien, ¡estoy impresionado!».

• Muestre que respetan sus habilidades y sus puntos de vista; diga: «Tú que eres tan bueno arreglando cosas, ¿me puedes ayudar con esto?».

• Dele responsabilidades para que pueda ponerse a prueba, desarrollar sus habilidades y sentir que su talento es fiable; dígale que se ha vuelto responsable.

• Deje que los pequeños ganen en cosas insignificantes y muéstrese impresionado.

Maestros

• Dé responsabilidades a los niños —por ejemplo, dar informes después de una discusión en grupos o buscar información sobre algo que resultará útil para el trabajo de la clase— y muéstrese impresionado con el resultado.

• Comience sus preguntas en clase con algo parecido a esto: «Alex, tú que sabes mucho sobre esto...».

• Frente a un trabajo impresionante, evalúe el método de recompensa apropiado, público o privado.

32. Luche contra la fuerza de los músculos

El clásico cuerpo masculino podrá ser el sueño de muchos, pero no todos los niños crecerán dotados de espaldas anchas y magníficos músculos. Muchas familias, y ciertos grupos raciales, no transmiten los genes necesarios para que eso ocurra. Los niños no se preocupan de sus labios, de sus traseros o del tamaño de sus ojos, pero sienten tanta ansiedad acerca de la forma de sus cuerpos y la condición de su piel como las niñas.

Los músculos adquieren un valor especial cuando la fuerza física se valora sobre otros atributos y cuando el poder de la fuerza da la razón. Si todos los miembros de su familia respetan las cualidades sociales de los seres humanos más que las físicas, y rechazan el uso de la fuerza para zanjar disputas, la autoestima de su hijo florecerá, sea cual fuere el tamaño o la forma de su cuerpo. La fuerza social y emocional es mucho más importante a largo plazo. También es importante que admita que se siente enfermo y que su cuerpo no funciona como es debido.

Padres

- Enséñele a cuidar y a querer su cuerpo, sea cual sea su forma, apoyándolo cuando esté enfermo y ayudándolo a mantenerse limpio, en forma y sano.
- Tenga cuidado con lo que dice del físico de los hombres. No aplauda los estereotipos de los medios de comunicación.
- Si quiere hacer pesas, y lo puede hacer de manera segura, apóyelo, no se burle de él; pero asegúrese de que sabe que lo quieren tal como es y que las chicas se interesan por la personalidad y el humor más que por el físico.

- No le enseñe a pegar o a explotar el tamaño físico contra otros niños.

Maestros

- Evite comentarios como: «Tú que eres grande y fuerte, ayúdame con estos libros».
- Haga que los niños sean conscientes del poder de la publicidad a la hora de establecer ciertas imágenes corporales como las ideales.
- Comente lo que hace «un hombre de verdad».
- Destruya los estereotipos a través de discusiones, exposiciones en clase y materiales de instrucción.
- Exponga los peligros y consecuencias del abuso físico de compañeros y proclame un nivel de tolerancia cero ante las peleas físicas en el colegio o cerca de él.

33. Guíelo cuando esté listo para ello

«Mi hijo acaba de ser admitido en la Universidad de Cambridge. No leyó bien hasta los siete años; no le interesaba. No le di importancia entonces y ahora sé que tuve razón.»

Los padres se muestran impacientes por ver a sus hijos andar, dejar los pañales, leer, nadar, ir en bicicleta, etc., por muchas razones, algunas más honorables que otras, pero este deseo puede ser contraproducente para la autoestima de un niño.

Todos los niños aprenden mejor cuando están listos. «Listos» no significa simplemente que lo desean —que tienen ganas de adquirir un conocimiento o una habilidad— sino también que se sienten cómodos y suficientemente seguros para progresar, conscientes de poseer el conocimiento necesario para así poder comprender lo que viene.

Cuando un niño puede influir en lo que hace y en cuándo lo hace, comienza a conocerse íntimamente y a confiar en su juicio, algo beneficioso para su autoestima a largo plazo.

Padres

- «Si es martes, creo que me toca kárate.» Algunos niños se ven conducidos literal y metafóricamente por sus padres a una serie de actividades extraescolares para estar ocupados y para tener la oportunidad de brillar, pero los niños se cansan. Tenga cuidado de no forzar a su hijo a perseguir objetivos extracurriculares que no disfruta y en los que no destacará.
- Evite forzarlo a progresar demasiado pronto; si empuja demasiado fuerte, el niño puede, por el contrario, rezagarse.

Maestros

- Promueva el aprendizaje en el que se les dice a los alumnos lo que se espera que aprendan, cómo se espera que demuestren lo que han aprendido y cómo serán evaluados, y luego se les permite escoger su propia manera de lograr lo esperado. Estos programas son especialmente efectivos con los alumnos más flojos.

- Cuando un niño está motivado, su trabajo mejora. Intente aumentar la motivación de cada niño para que se desarrolle como él desea.
- A los niños les gusta aprender en grupo y a través del grupo; si un niño parece estancado, intente hacerlo trabajar en grupo.

34. Acepte a sus amigos

«Lo habíamos pasado todo juntos, durante años. A mamá siempre le gustaron. Cuando terminamos el colegio, nos dio dinero para que saliéramos a celebrarlo juntos y para agradecerles su amistad.»

Los amigos son importantes para un niño, sea cual sea su edad. Le hacen sentir que forma parte de algo, que gusta. Los amigos lo validan, comparten sus necesidades y amplían sus intereses. Lo ayudan a adquirir una identidad. Piensan: «Soy amigo de este tipo de persona, así que soy como ellos». Los amigos le ayudan a llenar su tiempo y a divertirse, a ser sociable y a aprender a formar parte de un grupo. Le dan confianza y le proporcionan la seguridad de la protección numérica.

Los verdaderos amigos le ofrecerán apoyo, empatía y lealtad, y estarán ahí cuando las cosas no le vayan bien. Sus amigos formarán parte de sí mismo, y por ello le resultará doblemente doloroso si usted le dice que su elección ha sido mala; si rechaza a sus amigos, lo rechaza a él. Cuando sus amigos «encajan» en su familia, usted se siente feliz y orgulloso de ver que otros lo aceptan. Es mucho más difícil cuando los niños se «juntan con malas influencias», cuando sus amigos cambian los planes de usted, desafían sus valores y causan problemas.

Padres

- Invite a sus amigos a su casa o a salir con ustedes para poder conocerlos mejor.
- Dígale a su hijo lo que le gusta de sus amigos.
- Felicite a su hijo por ser buen amigo.
- Si los amigos de su hijo son una mala influencia, pídale que haga una lista de lo que ellos le ofrecen y considere maneras alternativas de satisfacer sus necesidades.
- Intente hablar de lo que se espera de un amigo verdadero, y deje que él decida si sus «amigos» tienen esas cualidades.

Maestros

- Aunque las amistades deberían reconocerse y respetarse, disponga la manera de sentarse de los alumnos y la composición de los grupos para elaborar proyectos de manera que los niños se mezclen y que la presión de los compañeros, el acoso físico y el aislamiento queden minimizados.

- Explore el tema de las amistades y de la presión de los compañeros a través de las asambleas escolares, las situaciones personales y sociales, la educación y el teatro.

35. Entre en su mundo con cuidado

«Mi hijo se apasionó por la pesca después de que su tío se lo llevara a pescar un par de veces. Quería que yo fuera también, pero se necesitaba mucho tiempo y yo tenía a mi hijo pequeño, así que nunca fui. Me decía a mí misma que yo quería mantener lo de la pesca como algo suyo y que no deseaba forzar mi entrada, pero cuando su pasión se esfumó, me di cuenta de lo mucho que había querido que yo compartiera su interés. Abandonó por mi manera de actuar.»

Puede resultar difícil saber hasta qué punto nuestro hijo quiere que participemos en su vida, especialmente cuando alcanza una edad en que necesita separarse y volverse más independiente. No existen respuestas claras; simplemente tenemos que mantenernos al tanto de este tema y juzgar cada situación. Hay dos principios a tener en cuenta que pueden resultar útiles: primero, muestre interés, pero sin convertirse en un intruso, y segundo, recuerde que su papel principal es ser su padre o su madre más que su amigo. Puede ser efectivo y cariñoso sin ser su mejor amigo, ya que este debería ser un compañero suyo.

Padres

- Muestre interés, pero no se entrometa.
- Comparta y muestre interés por sus aficiones, pero no las adopte; no tienen que convertirse también en su pasión.
- Dele el espacio y la oportunidad de ser diferente y de separarse de usted sin cortar vínculos.
- Los adolescentes a menudo usan la música pop para explorar y establecer su nueva identidad; pregunte qué grupos le gustan, pero no los convierta en sus favoritos.
- Los acontecimientos deportivos pueden compartirse de manera segura y unir a varias generaciones.

Maestros

- En cualquier discusión en clase sobre cuestiones personales y familiares reconozca la gama de tipos de familia y experiencias personales de sus alumnos, pero muévase con sumo cuidado en esta área.
- Planee de antemano cómo reaccionaría si durante una discusión sobre temas personales un alumno se mostrara afligido.

36. Reduzca las críticas

Santi tenía diez años e iba bien en el colegio, para satisfacción de sus padres. Entonces oyó a su madre charlando con una amiga cuyo niño tenía dificultades. La madre de Santi no quería que esta se sintiera peor al oír lo bien que iba Santi, así que le dijo a su amiga: «Oh, no te preocupes, ¡Santi tampoco es bueno en nada!». Esas pocas palabras tuvieron un efecto devastador y destruyeron su autoconfianza. Nunca más volvió a confiar en sí mismo y diez años más tarde dejó la universidad. Fue entonces cuando Santi y su madre hablaron y se enteraron de la verdad, pero entonces ya era tarde.

Los adultos suelen ser totalmente inconscientes del impacto destructivo de sus palabras, que pueden causar daños indecibles. Incluso un comentario ocasional puede destruir un futuro al permitir que la duda eche raíz, y los niños son tan sensibles a las críticas como las niñas. Las críticas constantes llevan a la inseguridad y al sentido de culpabilidad por decepcionar a los padres. Si un niño no logra gustar, supondrá que decepciona; y a la larga se sentirá completamente inútil y rechazado, aunque probablemente lo esconderá bien.

Padres

- Seleccione un comportamiento por vez e ignore el resto; apilar críticas sobre él solo logrará que se sienta resentido y le quitará las ganas de cooperar.
- Acentúe lo positivo; diga lo que quiere que haga, y escoja un día en el que comenten solo cosas buenas.
- Intente dejar de observar y juzgar, ya que eso sugiere que es controlador además de desconfiado.
- Prohíbase comentarios humillantes como: «No te

puedo llevar a ningún lado», «Ojalá no hubieras nacido» o «Me pones enfermo».

Maestros

- Las palabras de un maestro pueden herir tanto como las de cualquiera.
- Las críticas, las bromas, el sarcasmo, la ridiculización, los gritos y la culpabilización duelen, avergüenzan, degradan, dañan y humillan; reducen la motivación y la fuerza moral y no se justifican nunca.
- Contrarrestar el daño de una crítica destructiva requiere cuatro halagos.
- Convierta sus «noes» en «síes».
- Las dudas son más crueles que la peor de las verdades. Mantenga la duda personal alejada de los niños.

5

Demostrarle el cariño a través del amor y las reglas

A un niño de cinco años que acababa de empezar el colegio se le preguntó lo que más le gustaba. Respondió sin titubear: «La reunión de principio de curso, porque ahí nos dicen lo que podemos hacer y lo que no». Su madre estaba muy sorprendida porque en casa le gustaba hacer lo que le daba la gana. Lo que no había comprendido es el alivio y la seguridad que les da a los niños tener reglas y una estructura.

Una maestra que conozco cree que, por lo general, los niños tienen una autoestima más frágil que la de las niñas, excepto cuando han crecido en hogares con un alto grado de consistencia. Esos niños sabían dónde estaban y lo que podían hacer, se sentían suficientemente seguros para aprender cosas nuevas y deseaban tomar responsabilidades.

Mostramos nuestro amor de muchas maneras. El tipo de comida apropiado lo hace crecer fuerte y sano. La ropa limpia y adecuada lo mantiene caliente y protegido de la enfermedad y la mala salud. Al divertirnos y compartir nuestras vidas con él hacemos que se sienta emocionalmente seguro, como cuando nos mostramos comprensivos con los errores que inevitablemente comete al ir adquiriendo habilidades, confianza y madurez.

Los atajos no sirven. Ceder ante un niño porque uno no quiere molestarse en argumentar con él no lo persuadirá de su amor hacia él; tampoco servirá colmarlo de regalos. Tener guías de comportamiento que lo protejan a él y a los demás demuestra sus preocupaciones.

Una disciplina positiva construye una autoestima positiva. Cuando existen guías claras de comportamiento y una rutina diaria, los niños pueden relajarse. No tienen que decidir todo por sí mismos ni tener miedo de meterse en líos y, cuando se portan bien, la vida no solo es más tranquila, sino que está llena del calor de la aprobación de los demás. Cuando los adultos ponen límites y están suficientemente implicados como para seguir el comportamiento de un niño, este se da cuenta de que se preocupan por él.

Por supuesto, las reglas deben ser justas y razonables. La popular frase «amor duro» no les da a los adultos el derecho a la brutalidad. La disciplina sin dictadura y el castigo sin humillación aseguran que el niño no necesite desafiar a una injusticia percibida o hacer frente a las críticas de los padres, que a la larga destrozan su autoestima. Además, los niños se enriquecen con la aprobación cariñosa de un padre o de una figura paternal; actuarán de manera defensiva y se distanciarán de un padre disciplinario o indiferente, aun cuando necesiten sentirse cercanos a él.

Mostrando con amor y con reglas que le quiere, lo ayuda a quererse a sí mismo y a querer a los demás, incluido a usted.

37. Quiéralo por lo que es

Una de las cosas más difíciles que existen es amar y aceptar a los niños por lo que son. En lugar de ello, nos centramos en lo que percibimos como sus defectos y nos preocupamos por nuestros sueños relacionados con su futuro. Nos preocupa que nuestras esperanzas sean destruidas. Pero si usted se obceca con un futuro idealizado, el presente siempre lo decepcionará; y si deja entrever su decepción, la relación que debe llenar a su hijo de confianza lo minará del todo.

Los niños alborotados son como oseznos: revoltosos, llenos de energía, a veces patosos, y deseosos de explorar, jugar y revolcarse por ahí. Son espontáneos, ruidosos, efervescentes, irreprimibles, con capacidad para divertirse y enfurecerse; pero también tienen capacidad para reflexionar seria y profundamente. Los niños sensibles son más calmados, más medidos y pensativos, y prefieren mirar, probar y experimentar antes de comprometerse; pero también son capaces de diversión y espontaneidad.

Un niño puede hacer una broma en un mal momento, equivocarse de señal, usar su fuerza cuando no debiera o interpretar mal el momento, pero su necesidad de reaccionar y hacerse valer tiene que comprenderse y formarse.

Padres

- Imagine que su hijo pierde todas las características que lo irritan a usted: ordena su habitación y sus juguetes, se saca los zapatos al entrar, se ofrece para irse a bañar, nunca se olvida de nada; si se convierte en todo lo que usted quiere que sea, su verdadera personalidad desaparecerá y se perderá a sí mismo.

• Haga una lista de sus cosas buenas y malas; equilibre las caracterísiticas negativas con las positivas y luego añada más cosas buenas que malas.

• Déjele vivir en el presente y no con los miedos que usted tenga. Tiene muchos años por delante para crecer y madurar antes de alcanzar la edad adulta.

Maestros

• Si un alumno se convierte en un clon, que ha sido modelado por usted o a partir de un ideal, lo más probable es que le resulte difícil correr riesgos y cometer errores.

• Para ayudar a un niño pequeño a apreciar quién es, trace su silueta con él estirado en el suelo y luego invítelo a llenar su forma con sus características.

• Pida a los chicos que hagan una lista de veinte cosas que les guste hacer, al lado de las cuales deberán añadir: la fecha en que la hicieron por última vez, un signo de € junto a cualquier cosa que cueste más de 3 €, una «a» si prefieren hacerla con un amigo, una «s» si prefieren hacerla solos, una «p» si requiere una planificación, y «M/P» si uno de los padres la hacía de pequeño. Luego pueden contar una historia sobre sus intereses y gustos.

38. No condicione la aceptación a su buen comportamiento

Una de las cosas que los seleccionadores de personal rechazan cuando entrevistan a posibles empleados es el individuo que busca favores, necesita aprobación, evita los desacuerdos y parece no tener fe en su opinión. Cualquier persona que muestra estos síntomas es rechazada, ya que la inseguridad y la incertidumbre no son útiles en el mundo del trabajo.

Por supuesto, todos nos sentimos inseguros alguna vez, pero hay personas que se sienten así más a menudo que otras, e incluso hay algunos que se encuentran carcomidos por la duda sobre sí mismos la mayor parte del tiempo.

La tendencia puede empezar en la infancia. Los niños crecen fuertes en su interior cuando se sienten aceptados y amados por lo que son. Si la aprobación de un adulto es condicional y se expresa solo cuando un niño es «bueno», este siempre estará mirando a su alrededor a la hora de actuar, creando una distancia entre sus instintos y sus acciones. Al tener que actuar siempre para los padres, pronto perderá el sentido de sí mismo y no desarrollará su integridad personal.

Padres

- Acepte que no será perfecto y que los errores no son solamente inevitables, sino que también son importantes para aprender.

- Vea el lado cómico de sus errores.
- El comportamiento habla: no es malo, solo intenta decir algo. Analice cualquier comportamiento travieso para ver qué puede haberlo provocado.
- Desapruebe lo que hace, no lo que es.
- Puede no estar de acuerdo con lo que quiere hacer un niño mayor, pero debe apoyar su derecho a hacerlo.

Maestros

- Sea consciente de que un sistema basado en las recompensas por un trabajo bien hecho o un buen comportamiento puede hacer que los niños más rezagados se sientan rechazados.
- Muestre aprobación hacia todos los alumnos: respételos, interésese por ellos y hable con todos, no solo con los que van bien en clase o le resultan más simpáticos.
- Incluya a todos los alumnos en la toma de decisiones para desarrollar su independencia y su autoestima, y para demostrar que confía en su capacidad de juicio y la aprueba.
- Muestre que valora una amplia gama de habilidades.

39. Escuche sus quejas

«Cuando mi madre me recogía de la escuela primaria, se quedaba a hablar con sus amigas un montón de rato. Yo estaba cansado, quería estar con ella e irme a casa. Un día se lo dije. Me contestó que no se había dado cuenta y no volvió a hacerlo.»

Un bebé toma la vida según viene; no conoce nada más y no juzga. Pero a medida que su sentido de la identidad y su lenguaje se desarrollan, comienza a pensar y a ver el mundo desde su propio punto de vista. Toma conciencia de sus deseos y puede formar sus propias opiniones. Es entonces cuando empieza a ver que las cosas pueden ser diferentes; y cuando convierte esto en palabras, está revelando su identidad y arriesgándose por ello.

Esa es la razón por la que, en cuanto puede expresar o mostrar decepción o insatisfacción, sus quejas deben tomarse seriamente y ser atendidas con respeto. Su confianza en sí mismo y su autoconocimiento dependen de ello.

Padres

- Hágale saber que puede quejarse: ponga una hoja de papel en su cuarto para que escriba sus quejas si no se atreve a decírselas personalmente.
- Escuche sus quejas, pues pueden ser un primer paso hacia el compromiso y una importante lección sobre la resolución de conflictos.
- Intente no estar a la defensiva ni mostrarse competitivo si se queja.
- Esté dispuesto a pedir excusas si su hijo le dice que usted ha ido demasiado lejos.

- Convierta cualquier queja en una pregunta o aseveración: «Entiendo que te parece que esta nota no es justa porque te has esforzado mucho esta vez, ¿verdad?», «Creo que debo expresarme mejor. Gracias por hacérmelo saber».
- Si es capaz de entrar en el mundo de un alumno, ver cómo son las cosas para él y aceptar su perspectiva, modelará la empatía y le enseñará cómo entender los sentimientos.

40. Reconozca sus decepciones

Las decepciones forman parte del crecimiento. Los niños tienen que aprender que no siempre pueden salirse con la suya, y que cuando eso ocurre, el mundo no se les cae encima. Debemos aprender a acomodarnos a la realidad y a veces a no tener algo que deseamos.

Si un padre se propone evitar que su hijo tenga decepciones, acabará siendo su esclavo. El niño no aprenderá a afrontar y superar los reveses de la vida, y eso no le ayudará a conocerse a sí mismo, porque nunca tendrá que decidir qué alternativa es realmente importante para él.

Sin embargo, hay veces en que las decepciones son verdaderamente importantes y deberían ser no solamente reconocidas, sino evitadas en la medida de lo posible. Si las personas de las que su hijo depende y en las que confía lo decepcionan a menudo, puede caer en una profunda tristeza que podría convertirse en una depresión o en otra enfermedad mental durante la adolescencia o incluso en la edad adulta.

Padres

- Intente averiguar lo que puede decepcionar a su hijo.
- No ignore o reste importancia a su tristeza.
- Hable con él; sea perspicaz y comprensivo, hágale saber que está al tanto y dígale algo como: «Ya sé que esto te decepcionará, pero no podemos ir a jugar a bolos hasta la semana que viene. Ya sé que tenías muchas ganas de ir. Siento que no pueda ser y siento haber dejado que te hicieras ilusiones».
- Puede resultar peligroso si a menudo siente que usted no cumple sus promesas, en lugar de estar simplemente decepcionado porque no se le permite tener o hacer algo.

Maestros

- La mayoría de los niños estarán decepcionados si obtienen una mala nota a pesar de estudiar mucho, aunque pretendan lo contrario.
- Intente tener eso en cuenta cuando haga comentarios, y si piensa que un alumno ha hecho un esfuerzo especial, téngalo en cuenta también: dígale que no se sienta mal y que está convencido de que le irá bien la próxima vez.
- Dele esperanza; comente con él lo que cree que debe hacer y lo que podría hacer de manera distinta, y finalice la

conversación con un resumen de los pasos que puede tomar para mejorar su rendimiento.

41. Mantenga su autoridad

«Pensé que había perdido las riendas. Él no hacía nada de lo que le pedía. Me sentía completamente inútil, y empecé a tener miedo de pedirle algo por si me ignoraba de nuevo. Entonces me di cuenta de que, simplemente por ser su madre, tenía toda la autoridad necesaria y no necesitaba probarlo gritando y soltando broncas. Me calmé, reflexioné, dejé claro algunas cosas que quería que hiciera, y me mantuve firme y justa. Funcionó y los dos nos sentimos mejor.»

Los adultos tienen que encontrar el equilibrio adecuado entre mantenerse a cargo y verse atrapados en batallas por el poder. La autoridad puede demostrarse de muchas maneras. Una de ellas es tomar decisiones firmes sobre la rutina de su familia o de su clase (por ejemplo, lo que se hace y cuándo se hace), y qué comportamiento es el adecuado. Ser intransigente y confiar en que los niños cooperarán como se espera es otra. Cuando usted muestra responsabilidad a la hora de tomar decisiones, deja patente su autoridad.

Padres

- Los padres poseen la autoridad; quizá lo haya olvidado, pero no vuelva a hacerlo nunca.

- Sea consciente de que las amenazas y los sobornos, como los gritos y las humillaciones, son herramientas de poder que afectan profundamente a los niños; acabarán minando su autoridad, no realzándola.
- Usted demuestra autoridad cuando se responsabiliza de las cosas.
- Responsabilícese: si las cosas van mal, diga a su hijo que últimamente su comportamiento no ha sido el correcto, y que sea consecuente con las reglas que usted establezca.

Maestros

- Si confía en que un niño se comportará como se espera, y él a su vez confía en usted, eso demuestra su autoridad y supone una responsabilidad común para resolver cualquier problema.
- Si deja claro desde el principio que su objetivo profesional es conseguir el mayor provecho para cada niño, y es capaz de convencerlos de ello, sus alumnos no perderán la fe en usted o en sí mismos cuando usted se equivoque en algo.

42. Use razones para explicar, y no para persuadir

«No sé por qué, pero cuanto más le explico a mi hijo por qué quiero que haga algo, más probable es que se siente y se niegue a hacerlo.»

Los niños merecen que se les dé razones: es una muestra de respeto por su derecho a saber y por su capacidad de comprender. Escuchar razones les enseña cómo argumentar y les ayuda a ser racionales. Pero eso acaba mal a menudo. ¿Por qué? La respuesta es que si les da demasiadas razones, su orden autoritaria se convierte en un ejercicio de persuasión mucho más débil.

Primero, los niños desconectan en cuanto oyen una voz engatusadora y suplicante, porque ya la han oído otras veces, saben lo que viene a continuación y se sienten manipulados. Segundo, debilitamos nuestros argumentos al insistir en ellos. Los niños son listos, y pronto se dan cuenta de que las múltiples razones son una manera de hacerlos ceder, así que argumentan y se niegan.

No se necesitan más de dos razones. Todo lo que un adulto necesita decir es: «Quiero que hagas esto por tal motivo; ahora ve y hazlo».

Padres

- No ofrezca más de dos razones cuando quiera que su hijo haga algo.
- Mírelo a los ojos cuando le pida algo para que vea que va en serio.
- Luego dese la vuelta, ya que eso deja claro que espera que obedezca; si se queda obervándolo, sugiere que no lo hará y que necesitará que usted lo vigile.
- Para evitar parecer demasiado controlador cuando quiera decir que no, pídale que adivine lo que cree que responderá y por qué.

- Si un alumno desea algo que está fuera de las reglas establecidas, pídale que explique cuáles cree que son las reglas e imagine cuál será su respuesta; de este modo, llega a la respuesta «no» sin que usted tenga que decirlo.
- No use más de dos razones para explicar por qué un alumno tiene que hacer algo.

43. Sea divertido, justo y flexible

«Mi abuelo creció en un pueblo minero donde todas las familias tenían reglas muy estrictas. Pero un día al año todas las reglas se abolían. Se dejaba que los niños hicieran lo que les diera la gana, llamaran a la puerta de vecinos ancianos e hicieran todo tipo de travesuras. Se desfogaban y todos se divertían. ¡Resultaba genial!»

Aunque muchos niños parecen disfrutar de la seguridad ofrecida por la estructura familiar, no florecerán si se sienten restringidos por la mano estricta de alguien que los manda con rigor sombrío.

Cualquiera que tenga responsabilidad sobre un niño se ganará su respeto, así como su cooperación, solo si las reglas se mantienen en un segundo plano y la experiencia diaria es divertida, justa y suficientemente flexible para que él sienta que se le escucha y que es amado y cuidado como individuo.

Padres

- Busque tiempo para diversiones, salidas y juegos familiares de forma regular.
- En los cumpleaños, Navidad, etc., puede esconder regalos o chocolates por la casa como si fuera una búsqueda del tesoro para hacer el día más divertido. Eso demuestra que ha hecho un esfuerzo para que el día resulte especial.
- A todos los niños les gustan los ritos familiares, tanto si son semanales, mensuales o anuales; si pueden ser divertidos e incluir una relajación de las reglas, los disfrutarán todavía más.
- Si usted es flexible porque su hijo se lo ha pedido, no perderá autoridad, pero sí perderá poder si es demasiado estricto.

Maestros

- Aunque la planificación del currículo y los objetivos permiten menos flexibilidad, la diversión puede introducirse en las lecciones a través de concursos de preguntas y juegos como métodos alternativos de aprendizaje.
- Intente ver las pequeñas bromas como una manera de soltar tensión; si deja que le molesten, ellos volverán a hacerlas.
- Sea creativo: adapte una lección para relacionarla con un tema de actualidad que aparezca en los titulares de los periódicos.
- Ser justo significa no solo tratar a todos igual, sino

también ser sensible a las razones del comportamiento de un individuo.

44. Las reglas reducen el conflicto

La disciplina es la parte del cometido de los padres que más angustia les causa. También es la parte que la mayoría de los padres sienten que hacen mal. Eso no resulta sorprendente porque no suele existir una respuesta «correcta»: las reglas deben cambiar a medida que los niños crecen y las circunstancias son otras.

Establecer reglas familiares es difícil porque requiere equilibrar las necesidades y las exigencias de varias personas, manejar sus respectivas personalidades —algunas de las cuales todavía están en fase de desarrollo— y a veces buscar compromisos entre distintas culturas y distintos valores.

Sin embargo, resulta evidente que, si se aceptan de antemano y son bien comprendidas, las reglas familiares reducen el conflicto. Son los conflictos los que provocan daños, no las reglas. Unas expectativas claras y unos patrones diarios establecidos reducen el número de desafíos. Cuando su hijo vea que usted habla en serio, dejará de empujarlo.

Padres

- A la larga, el conflicto no se evita cediendo; el niño aprenderá pronto que cuanto más empuje, más conseguirá.

- A los niños les gusta especialmente la seguridad que proporcionan las reglas.
- Respetar las reglas en casa le ayudará a respetarlas más tarde fuera.
- Sea claro, justo, firme y coherente. No tenga demasiadas reglas; que sean simples, y adhiérase a ellas nueve de cada diez veces.
- Si siente que está perdiendo el control, clarifique sus prioridades: manténgase firme en los temas más importantes y abandone el resto.

Maestros

- Las reglas claras, aplicadas de manera justa y coherente en la escuela por todos los miembros del profesorado, ayudan a los niños a saber cómo son las cosas y a sentirse seguros.
- Incluya a los niños en la negociación de las reglas siempre que sea posible para que no se sientan ignorados y adquieran más responsabilidad.
- Comente de forma específica las consecuencias que pueden acarrear las distintas rupturas del reglamento.

45. Evite utilizar las armas del poder

«Un amigo mío siempre está hablando de su padre. Nunca dice nada bueno de él. Su padre era un abusador, sarcástico, crítico, alternativamente amigable y hostil, que enfrentaba a los dos hermanos y no aceptaba ningún punto de vista que no fuera el suyo. No le hizo a mi amigo ningún favor. Ahora él lleva años intentando sacar agua clara de su propia confusión, recuperando la seguridad en sí mismo, aceptando los desacuerdos y aprendiendo a ser tolerante.»

Las armas de poder utilizadas por los adultos son pegar, herir, dañar pertenencias, sobornar, ridiculizar, amenazar, mostrar sarcasmo, gritar, abandonar emocionalmente y retirar la comida o la libertad. Puede resultar tentador usar esas armas, especialmente cuando se siente usted exhausto, pero sería contraproducente. Los niños encontrarán maneras de vengarse y de conservar lo que consideran su respeto de sí mismos.

Nuestros hijos merecen lo mejor de nosotros, no lo peor.

Padres

- Es mejor no discutir ningún asunto cuando su hijo o usted están cansados. Déjelo pasar para evitar que les estalle en la cara.
- Intente usar el «no» suave; si no responde a su petición inmediatamente, en lugar de levantar la voz y utilizar las amenazas, repítala en voz más suave, asegurándose de que se están mirando a los ojos el uno al otro.
- Intente confiar en su obediencia, dándole una o dos razones, o usando maneras creativas de conseguir que obedezca.

• Reaccionar con castigos inmediatos de una manera aparentemente arbitraria es un abuso de poder; contrólese, sea justo y coherente para evitar el resentimiento y mantener la cooperación de los alumnos.

• Evite los comentarios sarcásticos y la ridiculización en la clase; esas no son herramientas apropiadas para maestros positivos y seguros de sí mismos.

• No reaccione a las provocaciones de manera personal; hacerlo llevará a una ruptura de la comunicación.

• La gente grita y tira reglas cuando tanto la paciencia como sus habilidades se han agotado; sugiera enseñar en grupo para refrescar sus habilidades si pierde el control más de una vez.

46. Como adulto, su trabajo es reparar

«Mi hijo y yo éramos incapaces de estar completamente de acuerdo en nada. Una vez pasamos nueve meses sin hablarnos.»

Cuando la relación se ha roto, por mucho que le parezca que la culpa ha sido de su hijo, es su deber de adulto remendar la relación. Usted posee más sabiduría, madurez, confianza y habilidad para conseguirlo. Negarse a admitir a su hijo o a comunicarse con él no es una manera de enseñarle cómo reparar relaciones o de darle confianza en sí mismo.

Padres

- Cuando el comportamiento de su hijo sea horrible, trate de no tomárselo como algo personal; a menudo se portará mal simplemente para atraer su atención o para protegerse, no para provocarlo a usted, a no ser que piense que tiene una buena razón. No debería usted vengarse de él.
- Dé el primer paso y adquiera su parte de responsabilidad en ese período conflictivo.
- Haga el segundo, el tercer y el cuarto paso; después de un período conflictivo, la confianza suele desaparecer, así que no espere un cambio rápido; la conciliación no debería depender de una reciprocidad inmediata.

Maestros

- El choque de personalidades es algo habitual entre seres humanos. Habrá alumnos que le caerán mal, pero la responsabilidad de arreglar las cosas es suya: sea abierto con el alumno, reflexione sobre experiencias pasadas que puedan explicar sus reacciones y responsabilícese de ello. A veces, sugerir un cambio de maestro puede ser la única manera de solucionar las cosas.
- Sea consciente de que el estrés personal o profesional puede minar sus habilidades y su tolerancia. Si se encuentra en una situación de estrés, sea abierto sobre su estado mental, pida disculpas, explique sus necesidades claramente y su clase seguramente le ofrecerá cooperación y comprensión.

47. Disciplina sin dictadura

Todos los niños necesitan límites que les ayuden a controlar y dirigir su comportamiento y a encajar dentro del sistema de reglas de una familia o de un colegio. Los límites y las reglas ayudan a los niños a sentirse seguros, a encajar con los demás y a ser aceptados; muestran que usted se preocupa por lo que les puede ocurrir y hacen que usted se implique en su mundo.

Un sistema de reglas resulta esencial para construir la autoestima, porque sugiere que la vida será estructurada, planeada, predecible, tendrá un ritmo y un patrón, y será segura y positiva. Pero solamente aquella disciplina que reconozca y respete las necesidades del niño logrará todo esto. Una disciplina inflexible, que humilla, en la que el adulto usa su ventaja física, verbal y autoritaria de forma inapropiada, irá comiéndose gradual e inevitablemente la autoestima del niño.

Padres

- Sea claro con sus prioridades; simplifique las reglas y no tenga demasiadas.
- Sea firme, pero también amigable y cariñoso; siga sus reglas nueve de cada diez veces, pero muestre flexibilidad en lo que de verdad sea importante para el niño.
- Sea justo, porque esa es la mejor manera para que su hijo no esté resentido.
- Sea coherente: intente reaccionar cada vez de la misma manera.

- Mantenga su amor constante: no le dé duchas frías y calientes.
- Dé buen ejemplo: compórtese como desearía que su hijo lo hiciese.

Maestros

- La dictadura ya no funciona en la clase (si es que alguna vez funcionó); las órdenes e insultos al estilo militar ya no resultan aceptables.
- Al igual que los padres, sea claro, firme, justo, coherente, divertido y flexible, dando explicaciones cada vez que adapte o relaje las reglas.
- Planee y utilice varios estilos de enseñanza para hacer que todos los estudiantes participen de forma natural.
- Las grandes expectativas, las reglas y los objetivos claros, el trabajo atractivo a un ritmo adecuado, el humor ocasional y el respeto incondicional son mucho más efectivos que las amenazas, el sarcasmo o la ridiculización.

48. Castigar sin humillar

«Mi padre solía hacerme sentar sin ropa a la hora del té cuando yo había sido "malo". Y creía que su acción estaba justificada porque no me había tocado. Lo he odiado desde entonces.»

Hay maneras efectivas y otras que no lo son de mostrar a los niños cómo controlar su comportamiento. Utilizar castigos humillantes no suele funcionar.

Para que un castigo funcione bien como arma didáctica, debería estar relacionado directamente con el resultado, y no provocar ira, amargura u otros sentimientos negativos; en otras palabras, debería ser justo y mantener intacto el respeto personal del niño.

Cualquier castigo diseñado para humillar a un niño será percibido como un ataque a su persona, no a su comportamiento, y resultará contraproducente. Los castigos que humillan causan vergüenza, culpabilidad, duda y, al final de todo, odio hacia sí mismo. Llevan al resentimiento, al antagonismo y a la hostilidad. Los niños no son más duros que las niñas. Para protegerse a sí mismo, un niño se sustraerá de la relación y se negará a cooperar. Cada humillación trae consigo sus propias repercusiones.

Padres

- Si utiliza castigos, trate de ser claro, justo, coherente, breve, afectuoso y sensible a sus efectos.
- Ataje un comportamiento de por vez; no apile sus quejas.
- Castigue el acto, no a la persona.
- Las alternativas a las palizas son: retirada de privilegios, uso restringido de un juguete o pasatiempo favoritos, retirada de la semanada, utilización de un lugar donde enfriarse los ánimos, una bronca verbal o mandarlo pronto a la cama.

- Avise siempre de cualquier castigo que vaya a imponer.
- Si su escuela no dispone de una política de comportamiento, pida que se desarrolle una que contenga consecuencias claras y de diferentes grados para comportamientos claramente definidos.
- No endurezca el castigo si los niños lo desafían o aparentan indiferencia.
- Asegúrese de que el castigo es apropiado para lo que el niño ha hecho.
- Evite tomar los desafíos como algo personal; cuando eso ocurre, los castigos se convierten también en algo personal.

49. Busque una resolución de conflictos efectiva

El conflicto constante deteriora las relaciones y rompe las familias. Para los niños, las cicatrices son profundas, sobre todo si el conflicto se vuelve físico e incluye a los dos padres. El conflicto familiar está detrás de gran parte de la desesperanza de los adolescentes que se expresa a través de la depresión o el suicidio.

Pero no siempre podemos evitar los conflictos. Es inevitable que las personas tengan intereses diferentes e incompatibles que deben reconciliarse. Además, todos nos sentimos expuestos y vulnerables alguna vez y, en esas ocasiones, tendemos a percibir las acciones y los comentarios de los demás como una provocación; nos los tomamos como algo personal y reaccionamos de manera agresiva, incluso cuando no ha existido intención de provocarnos. Lo que podemos hacer es comprender mejor cuándo y por qué eso ocurre, y cómo manejar y resolver la situación para que no se descontrole y las personas implicadas se sientan afligidas, resentidas, enojadas y listas para vengarse en cuanto puedan.

Resolver conflictos de manera segura y satisfactoria requiere madurez emocional y habilidad. Los niños necesitan aprender esos atributos de los adultos.

Padres

- Las buenas habilidades de comunicación son fundamentales para resolver conflictos de manera satisfactoria; escuche su caso, presente el suyo usando la palabra «yo» y no «tú» y discuta los posibles compromisos.
- Reconozca los sentimientos y los intereses provocados que están implícitos en la disputa.
- No necesita ganar todas las batallas; esté preparado para dejar correr las cosas cuando el tema no sea crítico y evite las disputas cuando uno de ustedes esté cansado.
- Las peleas entre hermanos enseñan a los niños a resolver conflictos. Si resulta seguro, deje que los hermanos mayores resuelvan sus problemas; sin embargo, los más pequeños necesitarán ayuda.

Maestros

• Las escuelas deberían adoptar una política clara de no-violencia (véase *Towards a Non-Violent Society: checkpoints for schools —Hacia una sociedad no violenta: puntos de referencia para los colegios*— en la Bibliografía).

• Los niños más pequeños pueden tener una mesa donde se sienten a resolver sus disputas de manera segura.

• Todo el profesorado puede ser instruido en las maneras no violentas de resolver conflictos.

• Los programas de educación personal y social deberían tener un apartado para la prevención de la violencia y las estrategias efectivas para manejar y resolver conflictos.

• La manera de cómo responden los maestros a las provocaciones de los alumnos establece un ejemplo poderoso.

6

Responder a los reveses con inteligencia

La vida nos depara a todos, incluso a los niños, experiencias duras. Es parte del trabajo del colegio y de las personas que cuidan niños preparar a estos para los altibajos de la vida. La violencia física o la exclusión de un grupo, las rupturas familiares, el fin de las amistades, las muertes o las separaciones y las decepciones en el colegio o en el ámbito del deporte son experiencias comunes. No se puede proteger a los niños de todos los sufrimientos, por mucho que los padres así lo deseen y por muy recomendable que parezca —y tal vez no sea—. Pero ¿cómo pueden los adultos ayudar a reconstruir la autoestima de un niño cuando lo único que quiere hacer él es escaparse y esconderse?

Casi todos nosotros conocemos a un niño que parece hecho de goma y siempre lleva una sonrisa en los labios. Nada parece afectarlo. Sea cual sea el problema, tiene la suficiente capacidad para aguantar los golpes, mantener su atención fija en un futuro mejor y avanzar con firmeza, habilidad y confianza hacia él. De un niño así, se dice que es adaptable. Es capaz de vivir con la adversidad y a través de ella, de recuperar el rumbo, de seguir viviendo e incluso de utilizar los reveses para fortalecerse y enriquecerse.

Es más fácil recuperarse de los malos momentos si los adultos responden de manera sensible a los reveses del niño. Si manejan bien su confusión y su tristeza, él retiene suficiente autoestima y respeto a sí mismo para enfrentarse de nuevo al mundo y tratar el revés como una oportunidad para aprender y crecer.

La adaptabilidad se define a veces como la «capacidad de rebotar»; sin embargo, eso tergiversa lo que ocurre. El aguante requiere acción, no reacción. Las personas con aguante piensan, sienten, perciben, se conocen a sí mismas y entienden su situación de una manera que les permite mantenerse positivas, activas y capaces de reconocer las lecciones que deben aprender.

¿Qué hace que los niños tengan tanto aguante? Estudios recientes sobre niños que se recuperan bien tras un revés muestran que la personalidad influye algo, pero los factores que más ayudan son la tendencia a verse a sí mismos de manera positiva, tener por lo menos una buena relación cercana con un adulto y no estar expuestos a demasiadas dificultades.

Los niños que se recuperan tienen una buena percepción de su valor y de su capacidad, creen que pueden controlar lo que les pasa, son capaces de vivir cómodamente con incertidumbre, son buenos resolviendo problemas, se relacionan bien con los demás, saben conservar las amistades y son optimistas. Los padres y los maestros pueden ayudar a los niños animándolos a desarrollar estas características y respondiendo a los reveses con inteligencia.

50. Dele tiempo para hablar sin riesgos

«Después de que mis padres se separaran, iba a casa de mi padre cada dos fines de semana. Solo me preguntaba cómo me encontraba en el corto camino de vuelta a mi casa. No estaba realmente interesado. Procuraba que la conversación fuera segura para él, no para mí.»

Cuando los niños se sienten cercanos a alguien y entienden lo que les ha ocurrido, son capaces de recuperarse de un revés con mayor facilidad. Hablar suele ayudar, pero el momento y el lugar tienen que ser los adecuados. No tiene sentido sacar el tema en un lugar donde la conversación puede ser oída por terceros o donde uno de ustedes se siente incómodo, ni cuando no hay tiempo suficiente para analizar la situación y sacar alguna conclusión, incluso si esta es simplemente: «Necesitamos más tiempo para hablar».

Eso resulta especialmente relevante si su hijo se siente avergonzado de lo ocurrido o si se siente culpable —si han abusado físicamente de él en el colegio o si se le ha sorprendido copiando o robando, por ejemplo—. A veces los niños sienten que tienen la culpa de cosas que son responsabilidad de los padres, como los problemas de relación. Aunque no crean que son la causa del problema, pueden sentirse culpables por no haber sabido prevenirlo.

Padres

- Evite entrometerse; compruebe siempre si está listo para hablar.

- Asegúrese de que disponen de tiempo suficiente antes de empezar a hablar.
- Deje claro desde el principio que la conversación es confidencial y obtenga su permiso antes de darle información a alguien más; diga: «¿Te importa si le digo a mamá/papá/tu maestra lo que has dicho?».
- Si a su hijo le resulta difícil hablar, salga a pasear con él; diga que está listo para hablar cuando él lo esté, pero deje que él tome la iniciativa.
- Sea consciente de que a veces los niños prefieren aclarar las cosas en su cabeza en lugar de hablar.

Maestros

- En la escuela primaria y en la E.S.O. los programas de ayuda son útiles y permiten a los alumnos hablar con sus compañeros.
- En los primeros años de la escuela secundaria, los maestros juegan un papel vital; deberían ser seleccionados por su capacidad de tratar de manera sensible a los alumnos.
- Si en algún trabajo escrito aparecen referencias a temas personales, estos deberán tomarse seriamente y ser atendidos con sensibilidad, y no ser ignoradas.

51. Fortifique su corazón, no endurezca su piel

Mucha gente cree que la mejor manera de preparar a su hijo contra los ataques verbales y las decepciones es endurecer su piel para que «se haga un hombre». Y lo consiguen de tres maneras: algunos le hablan a menudo en un tono duro para que se acostumbre a ser herido e inmunizarlo contra el dolor; otros le dicen constantemente que, como las emociones le hacen vulnerable al dolor, debería negarlas o distanciarse de ellas, pero lo más común es que se le diga que devuelva el ataque al agresor.

Una manera de protegerlo mucho más efectiva es darle fuerza interior: reforzar sus emociones y su confianza en sí mismo. El otro camino no solo daña seriamente la autoestima del niño y, en el proceso, su conocimiento de sí mismo, también lo desconecta de su yo esencial. Las corazas emocionales impiden que los sentimientos salgan, no solo que entren. Por eso a largo plazo no ofrecen ayuda para manejar las relaciones con los demás.

Padres

- Alimente su fuerza interior: confíe en él, véalo como alguien competente, déjele tener algo de autonomía en su vida, respete su visión del mundo y dígale que lo quiere.
- Si tiene dificultades, ayúdelo; no lo critique ni diga: «¿Por qué te has metido en este lío?».
- Anímelo a seguir sus instintos y a confiar en ellos; «animar» significa dar ánimo, «alma».
- Dele ejemplos de cosas que se puede decir a aquellos que hieren a los demás, como: «No sé por qué necesitas decir/hacer estas cosas que hieren a los demás» o «No tengo por qué escucharte» y aconséjele que dé media vuelta. Comente posibles estrategias.

- Revise constantemente las distintas maneras en que habla a los niños y a las niñas.
- Asegúrese de que no habla más severamente a los niños que a las niñas, creyendo que son más duros y pueden aguantarlo.
- No caiga en el error de expresar opiniones estereotipadas sobre las niñas y los niños.

52. Alimente su respeto de sí mismo

Un niño puede sentirse más humillado que una niña cuando sufre un revés —cuando cree que le ha decepcionado a usted o que se ha decepcionado a sí mismo— porque la mayoría de los niños suponen que no deben entender mal las cosas o mostrar cualquier tipo de debilidad. Si la gente se entera de su problema o dificultad, no se sentirá orgulloso de encontrarse en la situación en la que está. Su respeto hacia sí mismo quedará dañado, incluso si no tiene la culpa de lo ocurrido.

Sin embargo, lo que necesitará para recomponer su ánimo y poder enfrentarse al mundo es una doble dosis de confianza y de respeto de sí mismo. En otras palabras, cuando se sienta mal consigo mismo, necesitará aquello de lo que menos tiene. Independientemente de lo que usted sienta respecto a lo ocurrido, su papel principal consiste en ayudar a reparar el daño hecho y logar que a su hijo le quede suficiente respeto hacia sí mismo para volver a empezar. Humillarlo no funcionará.

Padres

- Su hijo aprende a respetarse a sí mismo si ve que usted lo respeta.
- A los niños que reciben broncas en las que a menudo se les acusa o avergüenza les resulta difícil respetarse a sí mismos; pueden mantener ese respeto si se les guía, con sensibilidad, con el fin de corregir el daño hecho sin críticas ni insultos.
- El respeto hacia uno mismo crece en parte al recibir responsabilidades y llevarlas a cabo con éxito.
- Si se permite que los niños eviten la responsabilidad e ignoren las consecuencias de sus acciones, les resulta difícil mantener la cabeza alta.

Maestros

- Muestre respeto hacia ellos para que puedan respetarse ellos mismos.
- Ayúdelos a ver en sí mismos lo bueno y lo que son capaces de hacer.
- Promueva el aprendizaje independiente para que los alumnos aprendan a confiar en su propio juicio y a respetarlo, y que no vacilen por miedo a ser calificados de fracasados por los demás.
- Anime a los alumnos a respetarse los unos a los otros; escúchelos siempre con respeto y comparta sus éxitos; pídales que cuenten en pequeños grupos uno de sus éxitos de cuando tenían menos de diez años, entre diez y doce años, etc.

53. Evite la vergüenza y la culpabilidad

La vergüenza y la culpabilidad son sentimientos que forman parte de la naturaleza humana. Cuando la gente tiene tareas y responsabilidades específicas, y no logra cumplirlas, es natural que sienta algo de vergüenza y culpabilidad. Entonces ¿por qué es importante para la autoestima de un niño que se le proteja del exceso de vergüenza, cuando la queja habitual suele ser que los niños difíciles parecen no tener vergüenza?

La vergüenza y la culpabilidad les causan confusión y provocan la duda sobre su propia capacidad. Son emociones difíciles y autodestructivas para todos los niños, en gran parte porque significan que han decepcionado a alguien o a sí mismos y probablemente ellos no entienden por qué ni cómo. De vez en cuando, resulta beneficioso para un niño sentir vergüenza y culpabilidad, por ejemplo, si es suficientemente mayor para saber no solo cómo debería comportarse, sino también para controlar su comportamiento (y en consecuencia poder ser considerado responsable de él). Pero si un adulto fomenta la vergüenza y la culpabilidad en un niño para castigarlo, es improbable que produzca el resultado deseado. En vez de cambiar su manera de comportarse, lo más probable es que el niño rechace esos sentimientos incómodos y niegue su responsabilidad en el problema.

Padres

- Déjele claro que no tiene ninguna culpa de los problemas matrimoniales o de relación que tenga usted.

- Si su hijo ha intentado sabotear una nueva relación suya, pregúntele cómo se siente; no juegue con su sentimiento de culpabilidad.
- Preocúpese por las consecuencias de su comportamiento, no por la vergüenza que usted sienta.
- Si está siendo intimidado por fanfarrones, discuta con él lo que puede hacer para detener la intimidación; no le diga que es débil.
- Deje que su hijo decida cómo se siente acerca de lo que ha hecho; escoger cuáles serán las consecuencias de sus actos es decisión de usted.

Maestros

- En lugar de insistir en las faltas del niño, deje sus expectativas claras.
- Algo no funciona si usted hace que los niños se sientan culpables a menudo.
- El sarcasmo y la ridiculización raramente conducen a un mayor esfuerzo, ya que la vergüenza que engendran mina la confianza.
- No castigue a toda la clase por algo que solo un grupo ha hecho; eso produce un resentimiento extendido, y no un sentido de culpabilidad en el grupo.
- No culpe a los niños por cosas que son culpa suya; los niños suelen ser conscientes de los errores del maestro y tienden a reaccionar también ante ellos.

54. Ofrézcale mayor proximidad

Cuando un niño sufre de estrés y tiene dificultades, necesitará que los adultos de quien depende lo tranquilicen aún más. Sin embargo, si sus padres están enfadados o decepcionados, lo más probable es que se distancien de él, en vez de aproximarse. Los niños se entienden a sí mismos a través de sus principales relaciones: las que tienen con los amigos, la familia y los profesionales. Si estos apoyos desaparecen cuando él los necesita, su hijo dudará de sí mismo todavía más.

No solo perderá confianza en sí mismo y cuestionará su identidad, también se sentirá más confundido e inestable debido al comportamiento alterado de las personas más cercanas a él.

Todos los cambios resultan difíciles para los niños. En tiempos de cambio y dificultades, intente permanecer cerca de él tanto física como emocionalmente.

Padres

- Los cambios que pueden afectar a su hijo son: una mudanza, cambiar de colegio, una enfermedad en la familia, una muerte, el comienzo de una nueva relación de usted o dificultades con la actual pareja.
- Según la edad de su hijo puede intentar: hablar con él mientras se baña, sentarse sobre su cama por la noche, sentarse junto a él cuando mira la televisión, hacerle compañía mientras se dirige a la parada del autobús o llevarlo en coche y conversar con él mientras conduce.

- Pase tiempo con él en un rincón tranquilo.
- Pídale que le ayude con alguna tarea.
- Busque tiempo para mantener breves conversaciones personales.
- Recuérdele a menudo que puede hablar de sus cosas con usted, o sugiérale otra persona con la que pueda hablar (amigos, padres, maestro o algún conocido).

55. Enséñeles a aprender de sus errores

¡No hay que desesperar, sino comenzar a reparar! Los padres y los maestros ofrecen ayuda efectiva cuando no juzgan y dejan que el niño determine por sí solo lo que ha ido o hecho mal, o lo que puede hacer para seguir adelante otra vez de una manera práctica y sintiéndose seguro. Siempre hay algo que aprender de un revés. En lugar de hacerse la víctima y echar la culpa a otra persona, su hijo puede aprovechar para salir de esa experiencia más fuerte, más sabio y más competente.

Sea positivo. En lugar de preguntarle: «¿Qué evitarás hacer la próxima vez?», puede decirle: «¿Qué podrías hacer de manera distinta la próxima vez?».

No todos los reveses encajarán en este modelo. Si un niño se siente mal porque ha sido intimidado físicamente o ha tenido una pelea en el patio o lo ha dejado la novia, puede no haber hecho nada malo. Pero habrá que sacar igualmente conclusiones, y la solución debe tenerla él. Los problemas deben pensarse y solucionarse, no ser apartados y anulados por un padre o una madre sobreprotectores.

Padres

- Desenmarañe y analice el problema; si algo ha ido mal, debe de haber razones para ello.
- No deje que su hijo atribuya los reveses a su incompetencia; los reveses no deberán verse como presagios inalterables de su futuro, sino como oportunidades para aprender.
- Pregúntele lo que cree que ha ido mal; no le diga lo que usted piensa a no ser que él se lo pregunte, o le diga que le gustaría oírlo.
- Aprender de los errores resulta reconfortante; cuando logre comprender por qué ha ocurrido, sabrá cómo arreglarlo y recuperar el control.

Maestros

- Demostrar a los niños el control que tienen sobre la vida diaria aumenta su autoconfianza; asegúrese de que usan sus agendas de deberes de manera regular y efectiva.
- Aprendemos a conocernos siendo responsables de lo que hacemos; las consecuencias de los reveses nos ayudan a conocernos mejor.
- Desarrolle en sus alumnos la costumbre de hacerse preguntas como: «¿Qué lecciones puedo sacar de esto?» o «¿Qué he aprendido?», ya que estas favorecen la reflexión.

• Si no han hecho los deberes, deles una oportunidad para que puedan hacerlos.

56. Escuche su versión de la historia

Cuando los niños sufren reveses, los padres se implican emocionalmente. Resulta peligroso porque pueden considerar la situación como algo demasiado personal y avergonzarse de ella. Trate de no dar por sentado que su hijo es culpable sin haber escuchado antes hasta el final su versión de los hechos y no le riña por ponerlo a usted en una situación difícil con el colegio o la policía.

Si está apenado por algo que a usted le parece poco importante, intente verlo desde su punto de vista. Los adultos y los niños perciben las cosas de manera distinta, así que evite formular sus juicios sin pensar. Decir cosas como: «No te quejes tanto», «Ya pasará» o «No puedo entender por qué te preocupas tanto por eso» no le ayudará a recuperarse, pero sí le ayudará a reflexionar sobre el problema.

Al escuchar su versión de los hechos, le está mostrando que lo toma en serio y respeta su punto de vista, que lo trata de manera justa y que no siempre supone lo peor en lo que a él se refiere. Todo eso lo ayudará a mantener su autoestima.

Padres

• Déjele que le hable de sus decepciones y no las menosprecie.

- Espere lo mejor de él, y no lo peor.
- En peleas entre hermanos, escuche la versión de cada cual y luego pida a cada uno de ellos que sugiera una posible solución.
- Los niños no siempre quieren que les resuelvan los problemas; a lo mejor su hijo solo desea hablar y ser escuchado. Guarde sus opiniones para usted, a no ser que se las pida.

Maestros

- No suponga que un alumno es culpable porque tiene una queja contra otro maestro. Sugiérale que vaya a ver al coordinador de curso para que la escuchen y la tomen en serio en un ambiente neutral.
- Escuche su versión de los hechos; evite los prejuicios, los estereotipos y los juicios rápidos; que un niño tenga la reputación de causar problemas no significa que esté implicado también en este.

57. Identifique las señales y las fases de peligro

«Cuando David tenía catorce años, sus padres se separaron. La separación fue amigable y él pareció tomárselo bien. Pero pronto se volvió no solo desorganizado, sino también hipersensible. Tras la separación y durante meses, el menor comentario negativo de un compañero de clase lo llevaba al llanto, y si alguien se reía, siempre pensaba que se burlaba de él.»

El aguante de un niño es obviamente muy bajo cuando sus padres o quienes les cuidan se separan, cuando alguien cercano a ellos muere o si existe algún otro problema familiar. Pero son especialmente vulnerables a principo de curso o cuando cambian de colegio, ya sea en la guardería, en la escuela primaria o en secundaria.

La seguridad que tienen los niños en sí mismos también baja durante ciertas etapas de su desarrollo: alrededor de los ocho años y al comienzo de la pubertad y de la adolescencia. A los ocho, comienzan a pensar por sí mismos. En el segundo año de E.S.O. la cultura machista empieza a hacer mella mientras las hormonas masculinas hacen irrupción; los niños ganan más libertad trabajando a tiempo parcial y ya no tratan de gustar. En esa fase, los niños necesitan mucha atención.

Padres

- Su hijo necesitará mucho apoyo y mucha atención en el primer año de E.S.O. y durante los dos años siguientes.
- Las situaciones que pueden desestabilizar a un niño son entre otras:
  - violencia doméstica
  - violencia racial
  - críticas constantes o abuso
  - cambios de casa o de colegio
  - divorcio o separación
  - intimidación física
  - cambios en la familia con la posible adquisición de hermanos por parte del nuevo consorte

– la muerte
– ausencia de uno de los padres
– enfermedad o incapacidad física en la familia
– pérdida del hogar
– ser tomado en custodia por la autoridad local o el Estado

Maestros

- Los niños difíciles a menudo:
  – Son introvertidos y solitarios.
  – Están tristes y son propensos a las lágrimas.
  – Se duermen en el colegio.
  – Tienen baja concentración o están preocupados.
  – Son reacios a trabajar o a mezclarse con otros.
  – Son agresivos con los demás.
  – Son intimidados físicamente.
  – Son incapaces de seguir una rutina.
  – Son pegajosos, dependientes.
  – Necesitan una constante confirmación de la confianza que se les tiene.
  – Se hacen los desgraciados.
  – Hacen trampas, mienten o roban.
  – Destruyen su trabajo al terminarlo.
  – Destruyen el trabajo de los demás.
  – Rechazan la ayuda del maestro.
  – Llegan tarde o se ausentan.
  – Son los payasos de la clase.
  – Son reacios a expresar preferencias o elecciones o a aceptar una meta.

58. Trate la presión de sus compañeros de manera positiva

La presión de los compañeros, junto con la intimidación física y las drogas, es un tema que atemoriza a muchos padres, especialmente a aquellos que tienen hijos varones. No estamos dispuestos a correr con el gasto que supone la compra de zapatillas de deporte y ropa a la última moda y aparatos de música y televisión de lo más sofisticado, y nos gusta pensar que nuestros hijos sabrán ser suficientemente independientes para aguantar la presión de sus compañeros, sobre todo cuando estos se implican en actividades ilegales.

En general, a los niños les gusta identificarse con el grupo, no diferenciarse de él. El primer paso hacia la independización de sus padres y la autoexpresión se realiza a menudo a través de la moda, y cuanto más jóvenes sean al escoger su ropa, su música, etc., antes se distanciarán. No todos los grupos de niños de su edad son reprobables.

Padres

- No arroje a su hijo a los brazos de amigos antisociales por ser usted demasiado negativo o constantemente crítico; la mejor manera de que se aleje de ellos es alimentar su autoestima y darle fuerza interior.
- Si quiere ropa o juegos caros haga que contribuya al coste de estos objetos con el dinero de su paga o (si es suficientemente mayor) con las ganancias de sus trabajos esporádicos.

- Pídale que se pregunte si aquellos que no le permiten ser diferente son realmente sus amigos.
- Recuerde que los niños que son sensibles a la presión de sus compañeros también son impresionables; ayúdelo a que se acepte tal como es.

Maestros

- Sea consciente del poder que tienen ciertos compañeros para apartar a algunos niños de sus estudios. Escuche con atención a esos niños que son muy vulnerables; eso les ayudará.
- Comente a menudo el tema de la presión entre compañeros en la reunión escolar, en clase de lengua, etc.
- Muchos niños que se desvían del camino académico son vulnerables porque ya tienen malas notas. Identifique a aquellos que pueden desviarse tan pronto como sea posible y ofrézcales ser su mentor para mantenerlos en el buen camino.

59. Manténgalo informado de lo que ocurre

Una de las mayores necesidades que todos tenemos es la de estar informados sobre los cambios y acontecimientos que nos afectan. Nos sentimos realmente mal si nuestros jefes, nuestras parejas, el consejo local o nuestros vecinos hacen cosas sin informarnos de antemano. Los niños también necesitan ser informados, especialmente si en su familia se están produciendo cambios.

Si usted se ha separado de forma temporal o definitivamente, o si se está divorciando, si alguien en la familia está efermo y necesita mucha medicación o va a ser ingresado en el hospital para una operación o si está buscando un nuevo colegio para él, su hijo querrá saber qué está pasando. Todos los niños pueden tener miedo y pensar lo peor si no se les da suficiente información.

Como hemos dicho anteriormente, si mantiene a su hijo informado, muestra respeto por su derecho a saber, por su necesidad de comprender lo que le está ocurriendo a él y por su capacidad para absorber esa información y usarla de manera inteligente.

Padres

- Los niños deberán estar informados sobre: acontecimientos y cambios (antes, durante y después de que ocurran); sentimientos (los suyos y los de él); decisiones y hechos.
- Si se siente incómodo abordando cuestiones como un ingreso en el hospital, una muerte, un divorcio o una mudanza, puede ir a la biblioteca y tomar prestado un libro infantil que aborde ese tema con una combinación de cuento e información específica.
- Los niños necesitan entender su mundo y lo que ocurre a su alrededor; mantenerlos informados de cualquier cambio es una manera importante de contribuir a esa comprensión.

- Asegúrese de que los niños saben exactamente por qué ocurren las cosas, desde las razones más sencillas, como cuáles son los objetivos de cierta lección, hasta por qué un alumno se va a transferir a otro grupo o quién va a hacerse cargo de la clase cuando usted se ausente.

60. Busque buenos grupos de apoyo

«Cuando mi madre murió, mi vida se vino abajo. Mis amigos de la escuela y el club de natación fueron las dos cosas que me ayudaron a seguir adelante. El club me obligaba a salir de casa y me hacía sentir normal. Mis amigos se portaron estupendamente.»

La investigación sobre lo que ayuda a los niños y a los jóvenes a manejar experiencias personales difíciles muestra que pertenecer a varios grupos y sentirse parte de una amplia comunidad supone un gran apoyo.

Pertenecer a un grupo puede ayudar a los niños porque:

- les da seguridad en situaciones en las que podrían cuestionar su identidad y su futuro;
- mantiene la continuidad conservando sus patrones y rutinas semanales habituales;
- les aporta la comprensión y el apoyo de personas que los conocen y tienen tiempo para ellos.

Padres

- Anime a su hijo a asistir a sus grupos y clubes en momentos difíciles.
- Si tiene pocas obligaciones aparte del colegio, busque otras actividades locales a las que puede apuntarse.
- Si tiene problemas en el colegio, los grupos extraescolares pueden ayudarlo a pasar página y comenzar nuevas relaciones.
- Si pasa por un momento difícil, puede introducirse en algún grupo indeseable; así que vigile.
- No deje que el deseo que pueda tener usted de compañía aísle a su hijo de sus amigos.

Maestros

- Anime a los niños que lo están pasando mal a apuntarse a actividades extraescolares dirigidas.
- Mantener los grupos de clase estables puede ayudar a los niños vulnerables a sentirse más seguros y apoyados.

61. Minimice las peleas familiares

Esto es algo difícil, ya que las peleas forman parte de la vida familiar. Sin embargo, las conversaciones con niños han revelado una y otra vez lo difícil que es para ellos que en su hogar haya peleas. También sabemos que la violencia y las peleas en casa hacen que los niños tengan una autoestima especialmente baja.

Las peleas resultan inquietantes. Cuando los niños están pasando por un período difícil y ya se sienten inquietos, los padres deberían hacer un esfuerzo especial para evitar las peleas, tanto entre ellos como con el niño. Cuando los padres se pelean, verbal o físicamente, los niños pueden sentirse obligados a tomar partido, algo que les divide interiormente.

¿Cómo pueden saber los padres si su nivel de conflicto familiar es superior al «normal»? Los factores que influyen son entre otros: frecuencia de las peleas, quién está implicado, el tema de la discusión, si las peleas son ruidosas o personalizadas, si incluyen violencia verbal o física, abuso o intimidación y si el conflicto queda resuelto o no.

Padres

- Considere reducir las peleas en los momentos difíciles.
- Anime a todos los miembros de la familia a escribir sus quejas en lugar de pelearse; las quejas pueden discutirse en momentos acordados, por ejemplo una vez a la semana.
- Sean conscientes de que los insultos personales, los gritos y el abuso dañarán la autoestima del niño.
- La discusión y el debate son sanos; no deben confundirse con una pelea.
- Enseñarle con su ejemplo cómo resolver los conflictos será beneficioso para su hijo durante toda su vida.

Maestros

- Las peleas familiares, especialmente si son violentas, pueden afectar al trabajo escolar de los niños; el colegio debe tomarlas muy en serio.
- Todos los programas de educación personal y social deberían incluir un temario sobre la causa de las peleas y cómo resolverlas.
- Descubrir que otros están pasando por lo mismo que él puede ayudar a un niño con un hogar conflictivo a salir adelante.

7

Apoyar su aprendizaje y su crecimiento personal

Un niño que se siente bien consigo mismo obtiene buenos resultados y suele ir bien en el colegio. Los padres y otros adultos que se interesan por el aprendizaje y el desarrollo personal de sus hijos suponen un gran apoyo para estos y hacen que se sientan bien consigo mismos.

Para estar motivado a alcanzar el éxito en algo, el niño tiene que creer en sí mismo. La autoestima y el sentido de su valor personal son claves para un buen aprendizaje y crecimiento. «Creo que puedo hacerlo» es tan importante como «Quiero hacerlo».

Los niños se sienten capaces cuando se les da oportunidades de ponerse a prueba y destacar, cuando se les hace saber que han hecho algo bien, cuando han sido comprendidos, se les ha dado confianza y se les ha respetado, cuando se sienten seguros física y emocionalmente, cuando se sienten aceptados por lo que son y cuando los demás los quieren y disfrutan de su compañía.

Si los niños son castigados y ridiculizados, si se les riñe por probar cosas nuevas, hacer preguntas o cometer errores, si son criticados constantemente, si son ignorados o se les hace sentir insignificantes o si las expectativas de un adulto o maestro son tan altas que la presión y el fracaso son hechos inevitables de su existencia, se cerrarán en banda y no usarán su potencial.

Aprender y desarrollarse requiere cambios y correr riesgos, la desagradable posibilidad de fracasar rotundamente, afrontar las limitaciones personales y la excitación de descubrir nuevos talentos en uno mismo. Cuando los niños se sienten competentes y bien consigo mismos, son optimistas acerca de sus habilidades presentes y futuras. Los niños seguros, con un buen sentido de su identidad, conocen su potencial e imaginan quiénes serán en el futuro y a qué se dedicarán. Ven lo desconocido como un reto excitante.

Los niños inseguros de su identidad sienten lo contrario. Son pesimistas sobre lo que son capaces de alcanzar y por ello tienden a bloquear los pensamientos negativos, a eludir el fracaso y a evitar el cambio diciendo que ya lo saben todo o que no necesitan saber más. Esas son tácticas de autoprotección. Los niños las usan para evitar estímulos que los harían avanzar. Ver la adquisición de conocimientos como algo poco deseable es una manera muy conveniente y respetable para evitar la responsabilidad del éxito y del fracaso.

Muchos niños están tan faltos de autoconfianza que no intentan destacar en algo. Muchos carecen de modelos positivos de hombres exitosos que puedan mostrarles lo que pueden alcanzar. Los niños necesitan que alguien les muestre el potencial positivo de cualquier fracaso, así como lo que son capaces de aprender.

62. Fomente y valore una amplia gama de habilidades

Un niño quería hacer danza como una asignatura más al final del ciclo de la E.S.O. Un proyecto de danza en su colegio había despertado en él un nuevo talento y también un nuevo interés. Cuando su padre se enteró, se puso furioso. Amenazó con echar a su hijo de casa si seguía adelante con sus intenciones, así que el niño se vio obligado a abandonar su sueño.

Los niños florecen cuando tienen mucho éxito y creen que son buenos en muchas cosas. Cuanto más competentes se sientan, más probable será que quieran probar cosas nuevas. También ampliarán sus habilidades, lo cual aumentará su capacidad para adaptarse a una amplia gama de situaciones. El éxito académico no es ni mucho menos la única manera de evaluar a un niño.

Todos los niños pueden tener diversas habilidades. Pueden destacar practicando deporte, bailando, dibujando, construyendo maquetas, trepando a los árboles, patinando o haciendo piruetas en bicicleta. Pueden saber mucho sobre insectos, animales o jardinería, o ser buenos organizadores. Pueden percibir los sentimientos de los demás antes que nadie, o conocer a fondo sus propios sentimientos.

Padres

- Intente ampliar las habilidades de su hijo; déjele probar varias actividades. Las bibliotecas suelen estar al día de los grupos y actividades locales infantiles.

- A todos los niños les beneficiará considerarse buenos en algo: puede ser limpiar su bici, jugar con otros niños, ser creativo con el Lego o manejar un ordenador.
- Limite el tiempo que pasa viendo la televisión; necesita equilibrio y variedad para obtener lo mejor de sí mismo y sentirse orgulloso de su éxito.
- Intente implicarlo en las cosas prácticas que hace usted en la casa.

Maestros

- Identifique algo en lo que destaca cada niño, dígale que es bueno y trabaje para desarrollar sus habilidades.
- Si un niño tiene un talento poco corriente, anime a los otros niños a respetar su habilidad, pero primero identifique lo que es.
- Trabaje duro para romper las preferencias basadas en estereotipos de género en cuarto de primaria.
- Organice actividades extraescolares para fomentar en los alumnos nuevos intereses.

63. Apoye y anime, no controle y empuje

El apoyo y el ánimo da a los niños la energía que necesitan para concentrarse mejor, para no dejar las cosas, para lograr más y para sentirse bien acerca de su progreso. Controlar y empujar puede dejar a los niños exhaustos, resentidos y con tendencia a abandonar las cosas.

Cuando apoyamos y animamos, compartimos la carga del niño y le aportamos la valentía suficiente para probar nuevas cosas. Por el contrario, cuando controlamos y empujamos, nos añadimos a sus cargas, le damos a entender que no se puede confiar en él, minamos su ánimo y debilitamos su confianza en sí mismo.

Los adultos controladores e insistentes tienden a acabar las tareas de su hijo, a llenar su tiempo de actividades, a apuntar las faltas enseguida, a ser competitivos, a amenazar, a poner nuevas metas una detrás de otra, a controlar e implicarse en los deberes de su hijo, a recalcar sus faltas, etc.

Padres

- Muestre interés por lo que hace; mírelo cuando practica varias actividades; pregúntele cómo ha ido cuando ha hecho un esfuerzo especial.
- Ofrézcale ayuda, llévelo a donde necesite ir, comente sus problemas y responda a sus preguntas.
- Escuche cuando le cuente sus problemas y sus éxitos; comparta su entusiasmo sobre sus sueños y sus metas; recalque sus éxitos.
- Muestre que le tiene confianza; ayúdele a marcarse sus propias metas en un espacio de tiempo realista.
- Descubra y acepte el estilo de aprendizaje de su hijo y sus patrones de trabajo preferidos.

- Dele información detallada sobre su progreso y sobre lo que le queda por hacer.
- Ayúdele a diseñar un plan de acción si se estanca y necesita ayuda para recuperar su rumbo.
- Sea entusiasta ante sus progresos.
- Use estrellas, pegatinas y otros incentivos de este estilo con cuidado; si los niños deciden que ya no les interesa trabajar para obtener recompensas, se quedan sin nada por lo que trabajar.
- Las cartas, postales o certificados enviados a la familia de los alumnos eliminan la posible ridiculización por parte de los alumnos y permiten a los padres expresar su entusiasmo por los logros de su hijo.

64. Confíe en que sabrá arreglárselas

«Me siento con él cada noche mientras hace los deberes y luego los compruebo. Si no están bien, se los hago rehacer.»

«Cuando nuestros hijos gemelos cumplieron quince años acordamos con ellos que debían empezar a ahorrar si querían ir a la universidad. Los dos se pusieron a trabajar durante los fines de semana y en vacaciones y los dos terminaron el bachillerato con calificaciones sobresalientes.»

Estas historias representan dos actitudes muy diferentes frente al aprendizaje. Una sugiere falta de confianza, la otra rezuma confianza.

Padres

• Cumplir con un trabajo a tiempo parcial además de los estudios puede hacerse si se maneja inteligentemente. Inténtelo antes de rechazarlo: puede ayudar a desarrollar una excelente capacidad para aprovechar el tiempo y causa buena impresión en el currículo.

• Cuando su hijo comienza en un nuevo colegio, confíe en que se adaptará. Si usted dice «Espero que/que no...» sugiere que teme lo contrario.

• Cuando está probando algo, hágale saber que confía en que puede hacerlo, y luego váyase; no se quede cerca esperando problemas.

• Si dice que está listo para una prueba o un examen, no le empuje a repasar una vez más.

Maestros

• Pregúntele si cree que puede arreglárselas solo; si dice que sí, apóyelo en su decisión.

• De vez en cuando, presente el trabajo como un reto. En general, los niños se esfuerzan más si se les dice: «No sé si podrás hacer esto...». Sin embargo, esta táctica debe usarse solamente cuando uno está convencido de que un alumno puede realizar la tarea en cuestión.

65. Haga que equivocarse sea seguro

Su hijo necesitará mucha confianza en sí mismo para usar su potencial, pero no lo hará si salta encima de él cada vez que se equivoca. Los seleccionadores de personal del futuro querrán empleados que aguanten el riesgo, no conejitos asustados.

Cometer errores forma parte de todo aprendizaje. «Todo el mundo se llena de cicatrices en su camino a las estrellas», escribió Fran Landesman en una canción. El lema de una compañía estadounidense de tecnología de la información es: «Si todo lo que haces es un éxito, has fracasado» —porque las equivocaciones son un signo de creatividad y de capacidad de riesgo—. Las equivocaciones también son útiles. Iluminan la tarea a la que uno se enfrenta. Muestran lo que funciona y lo que no, y lo que debe hacerse de manera distinta. Las equivocaciones cuentan una historia, y lo que debemos comprender es esa historia.

Si tiene miedo de cometer errores e intenta negarlos, está enviando a su hijo un mensaje poco útil. Hoy día, el mundo de los negocios tolera los errores y recompensa a los directivos por saber manejar sus errores en lugar de castigarlos. Quiéralo por la persona que es, no por lo que puede hacer.

Padres

- Admita sus propios errores y diga lo que ha aprendido de ellos.
- Deje que su hijo asuma sus propios errores; diga: «Veo dos problemas aquí, ¿puedes verlos tú?».
- Si su trabajo es descuidado, pregúntele si lo está haciendo de la mejor manera, a la mejor hora o en el mejor sitio.

- Si actúa negativamente bajo presión, asegúrese de que no está demasiado preocupado por los resultados o por lo que usted dirá.
- Si comete más errores de lo habitual, puede que no entienda algo, que no haya trabajado lo suficiente o no esté usando el método adecuado, o que algo lo incomode.

Maestros

- Sea honesto acerca de sus errores, diga lo que ha aprendido de ellos y discúlpese si resulta apropiado.
- Si un niño comete más faltas de lo habitual, puede deberse a sus métodos de enseñanza o al hecho de estar distraído o nervioso por evitar errores.
- Discuta con los niños las distintas actitudes que pueden adoptarse frente a un error para aumentar su conocimiento sobre este tema; compruebe si existen diferencias entre niños y niñas.
- A menudo los niños responden mejor cuando realizan actividades que requieren correr riesgos; pídales que analicen por qué tuvieron éxito (si lo tuvieron).

66. Tenga expectativas realistas

«El informe de notas de mi hijo de seis años era positivo en todos los aspectos de su trabajo y de su desarrollo social. Cuando le dije: "¡Muy bien!", se dio la vuelta y me dijo: "Este informe es una tontería. ¿Por qué me dices 'muy bien' si es muy fácil?".»

La gente actúa según las expectativas de los demás. Suelen cumplir lo que se espera de ellos —mucho o poco— según su reputación. Demasiados niños han fracasado durante demasiado tiempo simplemente porque nunca se ha esperado más de ellos. Nunca se han dado cuenta de lo que pueden hacer porque nunca se les ha pedido que se esfuercen, y creen que los límites de su capacidad son los que sugieren los objetivos que se les presenta. Pero a los padres y a los maestros se les ha repetido tanto que deben esperar más de los niños para mejorar su actuación que corremos el peligro de ir demasiado lejos en la otra dirección.

Un objetivo demasiado alto es tan poco útil como un objetivo demasiado bajo. Los retos deben tentar a su hijo, y no hacer que se sienta amenazado y desanimado. Los objetivos demasiado altos pueden conducirlo al fracaso, destruir su confianza y hacerle creer que triunfar es la única manera de ganar su aprobación.

Padres

- Pregúntele lo que cree que puede hacer.
- Ayúdele a diseñar planes claros para alcanzar su objetivo.
- Invítele a considerar de antemano los problemas que pueda tener y cómo atajará los posibles reveses.
- Invítele a elegir algunos objetivos a corto plazo, que resultan más alcanzables, y algunos a largo plazo.

- Asegúrese de que el objetivo, el plazo de entrega y las condiciones de un trabajo están claras.
- Fomente la organización y la capacidad de reflexión.
- Deje que los niños juzguen si han cumplido con las condiciones requeridas.
- Pida un plan de estudios detallado si detecta un exceso de confianza; no les diga que su objetivo es poco realista.
- Pregúnteles si están listos para afrontar el próximo reto o necesitan más tiempo para consolidar lo que han aprendido.
- Sea claro, práctico y realista acerca de sus propios objetivos.

67. Lean y aprendan juntos

Se sabe que los niños tienden a ir por detrás de las niñas en el habla y en el desarrollo lingüístico, y eso a menudo reduce su interés y capacidad para la lectura. Los niños necesitan crecer a su manera y a su ritmo, y es absurdo incitar a un niño a leer si no está preparado para ello. Sin embargo, todos los niños aprenden a leer con mayor facilidad si están familiarizados con los libros, si están interesados en lo que pueden aprender de ellos, si disfrutan mirando las ilustraciones y si asocian los libros con momentos de intimidad con las personas cercanas a ellos.

Los abuelos, los padres, los tíos, las tías, los padrastros, las madrastras, los novios y las novias pueden tener una relación especial con un niño e iniciarlo a la lectura compartiendo libros con él.

Padres

- Los niños están a menudo más interesados en libros de no ficción que en cuentos. Los libros que dan información no necesitan leerse de principio a fin; deje que escoja, pero tenga en cuenta que leer ficción desarrolla la reflexión y es enormemente beneficioso.
- No lo empuje a leer si no muestra interés en la lectura.
- Si los padres u otros hombres cercanos a ellos pasan tiempo leyendo con los niños, es menos probable que los libros les parezcan una cosa «de niñas».
- Evite hacerle leer antes de acostarlo; estará demasiado cansado para concentrarse.

Maestros

- Escoja una amplia gama de temas de lectura en clase para interesar tanto a los niños como a las niñas, y reconozca los beneficios educativos de leer ficción.
- Desarrolle programas de lectura compartida en parejas para que los lectores inseguros, pero competentes, ayuden a los que lo necesitan.
- Invite a personajes de sexo masculino a clase para comentar libros, poesía y teatro.

- Fomente una cultura escolar que considere la lectura como una actividad tanto de niños como de niñas.
- En escuelas secundarias puede organizar seminarios en los que los niños presenten libros que hayan leído recientemente y les hayan gustado.

68. Muestre interés, pero no se entrometa

«En todos mis años de colegio, mi padre no fue jamás a una reunión de padres, ni a ver uno de mis partidos o de mis funciones de teatro. Consideraba que ya había hecho bastante ganando el dinero para pagar las facturas. Eso me destrozó, y acabé dejando el colegio.»

Este niño tenía padres a los que les iba muy bien profesionalmente. Su madre estaba interesada en él, pero su padre no. El niño quería que los dos conocieran todo aquello que a él le resultaba especial e interesante. Mostrarnos interesados no requiere demasiado, tan solo un par de preguntas para iniciar una conversación, un corto momento dentro del día para conectar con la vida y los pensamientos de un niño. Asistir a reuniones a última hora de la tarde requiere más esfuerzo, sobre todo si implica salir del trabajo antes de hora, pero esforzarse y estar disponible para él le hará sentir que es importante para usted y que toma su colegio y su aprendizaje en serio.

Sin embargo, a veces los adultos llevan esto demasiado lejos. Hacen demasiadas preguntas y el niño siente que se entrometen en su vida.

Padres

- Haga las preguntas adecuadas y hágalas directamente; no intente obtener información de manera tortuosa, pues lo más probable es que su hijo se dé cuenta y se cierre en banda.
- Espere que él le comunique los resultados de un examen; no pregunte enseguida.
- Cuando llega a casa del colegio, en vez de preguntarle qué ha hecho, puede contarle lo que ha hecho usted y luego preguntar: «¿Quieres contarme algo de tu día?».
- Las preguntas sobre si ha tenido algún problema en el colegio o sobre lo que ha hecho en el recreo dicen mucho de sus preocupaciones.

Maestros

- Para las reuniones de padres de niños de secundaria no dependa del «correo del alumno»; use el correo oficial o el teléfono para asegurarse de que todos los padres tienen la oportunidad de asistir.
- En las reuniones de padres y en los boletines informativos del colegio, subraye de forma reiterada el importante papel que juegan los padres.
- Insista en que es vital ofrecer a los niños un modelo positivo.
- Busque tiempo para interesarse por ciertas cosas personales que sean importantes para los niños con los que trabaja de manera más cercana, pero dé un paso atrás si alguno de ellos parece incómodo al respecto.

69. Desarrolle la perseverancia: ayúdelo a acabar las cosas

A los niños les cuesta especialmente acabar las cosas. Las niñas son más persistentes, testarudas y cumplidoras con lo que se les ha pedido que hagan, incluso si la tarea les resulta aburrida. Parecen estar mejor preparadas para esperar más tiempo a ser recompensadas. Los niños se aburren más fácilmente y aguantan peor una enseñanza de mala calidad que no proporcione variedad y estímulo.

La perseverancia es importante. Los mejores planes pueden irse al traste sin esa cualidad. La motivación puede ser muy grande y el objetivo claro, pero si el niño no tiene el aguante para mantener el rumbo cuando se encuentra con un obstáculo, el trabajo que ya ha invertido puede perderse.

Los niños pueden abandonar fácilmente porque no tienen confianza en sí mismos. Si reconoce ese patrón, intente alimentar su autoconfianza a cada oportunidad.

Padres

- Si su hijo se encuentra atascado, no le dé las respuestas sin más. En vez de ello, muéstrele el camino para que pueda encontrarlas él mismo y ganar confianza para la próxima vez; luego retírese.
- Si ve que le reclama atención, interésese por él y pídale que le lea algo, que le muestre lo que ha hecho, o le cuente lo que ha disfrutado y lo que le ha parecido difícil.

- Si utiliza el sistema de recompensas, ofrezca pequeños premios a corto plazo, no uno grande en un futuro lejano.
- Asegúrese de que los objetivos resulten alcanzables para su hijo y que realice un plan factible para lograrlos.

Maestros

- Los niños necesitan que el trabajo, y las recompensas, les sean entregados en pequeñas partes; mantenga todos los objetivos a la vista y enséñeles cómo conseguirlos para que su interés no decaiga.
- Si un estudiante se estanca o pierde interés en un proyecto, preparen juntos un plan de reenganche.
- Retrase el trabajo que requiera mayor concentración hasta más avanzada la lección, cuando el interés de los niños se haya agudizado.
- Introduzca variedad en las lecciones y divida estas en fases bien definidas; incluya actividades prácticas, series de preguntas y resúmenes periódicos de lo que se ha conseguido en cada fase.

70. Apoye al colegio

Los niños, como hemos visto, están creciendo en una cultura masculina que cuestiona el valor del éxito social y académico. Nadie puede cambiar esa cultura solo. Lo que podemos hacer para que los niños consideren que triunfar es importante y deseable es reforzar los lazos entre el colegio y la familia, que deben apoyarse el uno en el otro.

Si los padres respetan los colegios y estos respetan a los padres, habrá menos rendijas por las que los niños puedan escurrirse, especialmente durante la adolescencia. Los padres que se distancian del colegio de su hijo y de las actividades que allí se realizan, no solamente crean conflictos de lealtad, sino que también facilitan que los niños se asocien a las malas compañías en vez de a los maestros.

Padres

- Evite quejarse del colegio del niño delante de él, incluso si está enfadado por algo.
- Siempre que sea posible, ambos padres deberían asistir a las reuniones acerca del progreso del niño en el colegio; el padre ausente debería telefonear al maestro para obtener un resumen.
- Intente buscar tiempo para asistir a las actividades escolares en las que el niño participa; evite decir cosas como: «¡Otra cosa más que el colegio o que tú me pide/s que haga!».
- Asista a las actividades de recaudación de fondos con su hijo para que este se sienta parte del colegio.
- Ayúdele a conseguir o recordar las cosas que le han pedido que lleve al colegio.

- Informe a los padres cuando las cosas vayan bien, no solo cuando haya problemas, para que puedan sentirse orgullosos de sus hijos y por consiguiente bien consigo mismos.
- Tome en serio las preocupaciones de los padres y responda a ellas con respeto.
- Evite que parezca que critica a los padres de un niño: «¿Acaso tu madre no sabía que necesitarías bocadillos para la excursión de hoy?» o «¿Cómo es que tu madre no comprobó que tuvieras todo lo necesario?».
- Las reuniones de padres deben enfocarse en lo que estos pueden hacer para ayudar a sus hijos a establecer objetivos de aprendizaje realistas a corto plazo.

71. Respete a sus maestros

«Es mucho más difícil ahora que cuando empecé a enseñar hace veinticinco años. No tanto por los cambios constantes en la enseñanza o por el papeleo, que es mucho mayor, sino por la falta de respeto que recibimos ahora por parte de padres y alumnos. Cuando los niños oyen que sus padres nos critican en casa, les es difícil aceptar nuestra autoridad y tomar en serio el trabajo cuando están aquí.»

Los colegios y los padres deben trabajar juntos como socios —con el otro, no contra el otro— para que los niños vayan bien.

Los niños deben confiar en su maestra o maestro para llevar a cabo un buen aprendizaje. Las constantes críticas a los maestros en casa, sobre todo si se trata de uno en especial, animarán al niño a rechazar cualquier cosa que el maestro intente enseñarle.

Padres

- Intente reflejar siempre los compromisos y las perspectivas de los maestros, aunque se ponga del lado de su hijo.
- Los maestros también son personas: tienen vidas personales y a veces pasan por malas rachas. Les gusta oír buenas noticias, no solo malas; y la mayoría de ellos hacen todo lo que pueden y casi no dan abasto.
- No dude en decir a los maestros lo que parece funcionar mejor con su hijo; ellos no pueden saberlo todo.
- Si hay algún problema en casa que pueda afectar al comportamiento del niño o a su trabajo en el colegio, lo justo es informar a los maestros.

Maestros

- Hoy en día, todos tenemos que ganarnos el respeto que consideramos que merecemos: no critique a los padres; intente ver las cosas desde su punto de vista.
- Sea consciente de que los padres vulnerables probablemente se tomarán el trato que su hijo reciba como algo personal, como si los tratara a ellos directamente; respetar

a todos los niños a su cargo contribuye a las relaciones entre el colegio y los padres.

- Envíe a casa buenas noticias, no solo malas.
- En las reuniones de padres, tome en consideración las preocupaciones de los padres y acabe con algo como: «¿Desean decir algo más?». Si el tema lo requiere, puede fijar una reunión para otro momento.

72. Encauce la competición de manera creativa

Casi todos los niños tienen una vena competitiva. Encauzada de manera inteligente y creativa, esa vena puede usarse para desarrollar su motivación, su capacidad para destacar y su sentido de la identidad. Explotada de manera inapropiada, puede llevar a la ansiedad, la desolación y la decisión de abandonar.

Animar a los niños a competir contra sí mismos, a superar su mejor esfuerzo hasta el momento les resulta beneficioso. De esa manera, su autoestima puede permanecer intacta. El peligro se presenta cuando intentan actuar para impresionar a sus amigos o a los adultos, cuando su meta es ganar a otros, y cuando invierten su sentido de sí mismos en el resultado. Un niño puede haber trabajado muy duro para prepararse, pero otros pueden haber trabajado todavía más o tener un talento natural superior. Cuando el resultado no esté totalmente bajo su control, tal vez suspenda por ansiedad, y entonces su autoestima sufrirá.

Padres

- Es mejor identificar una meta específica —«Intenta mejorar la nota que tuviste en las escalas de piano»— que decir algo genérico como: «A ver si logras destacarte esta vez».
- No fomente la competición entre hermanos; cada niño debe tener éxito a su manera, y ser aceptado incondicionalmente por lo que es.
- Evite competir contra su hijo, sobre todo si su intención es motivarlo para que se esfuerce más.
- En cambio las competiciones divertidas resultan beneficiosas: «A ver si me ganas subiendo la escalera» es una buena manera de conseguir que se vaya a la cama.

Maestros

- La investigación muestra que la enseñanza basada en la competición produce niños con ansiedad.
- Anime a los niños a mejorar sus resultados, no a querer impresionar, y deles su opinión sobre el trabajo que han realizado para que puedan apreciar mejor el progreso que han hecho.
- Intente que jueguen al juego de las sillas de dos maneras: primero, de la manera habitual —sacando niños y sillas cada vez— y segundo, diciendo a los niños que se sienten encima de otros niños a medida que las sillas desaparezcan. Pregúnteles qué juego prefieren; los juegos que necesitan de la cooperación de todos muestran lo divertido que puede ser simplemente participar.

73. El fracaso alumbra el camino del éxito

Todos los niños fracasan, y muy a menudo. Los niños suelen fracasar la primera vez que intentan caminar, abrocharse los botones, ir en bicicleta o anudarse los cordones de los zapatos, pero están dispuestos a intentarlo de nuevo. ¿Por qué estos fracasos a edades tempranas no hacen que los niños en crecimiento abandonen, pese a la intensa frustración que sienten a veces, mientras que más tarde los fracasos pueden pararlos en seco y dejarlos en la más profunda miseria?

La incómoda verdad es que los adultos son a menudo responsables del cambio. Empiezan a reprender a los niños por sus fracasos, o a gastarles bromas o hacer que se avergüencen.

Pero el fracaso no es algo que uno deba evitar. Proporciona una información neutral, basada en hechos acerca de lo que ha fallado y debe modificarse. El fracaso es una parte esencial e inevitable del aprendizaje, y muestra que este se desarrolla en el ámbito de los conocimientos de cada uno de nosotros. Si las lecciones recibidas del fracaso se asimilan, alumbrarán el camino del éxito. Eso no ocurrirá si los adultos niegan, ignoran o castigan los fracasos, haciendo que el niño sienta que debe esconderse e ignorar la verdad.

Padres

- Reaccione de manera constructiva: el fracaso es como un rompecabezas que hay que resolver, no un desastre que debe negarse. Considere si el objetivo era demasiado ambicioso.

- Reaccione de manera sincera: sea honesto acerca del resultado y asegúrese de que el problema sigue siendo del niño, y no suyo.
- Reaccione de manera inteligente: por mucho que lo niegue, el fracaso es perturbador y puede minar la confianza. Acepte, comprenda y déjele expresar sus sentimientos; no sea demasiado estricto con él; busque alguna faceta exitosa en él para equilibrar un fracaso.
- Muestre que lo quiere por lo que es, no por lo que puede hacer.
- No lo castigue por fracasar: podría empezar a mentir o a hacer trampas.

Maestros

- Describa en detalle lo que ha salido mal y cómo puede hacerse mejor.
- Hágale saber que cree que puede mejorar y demuéstreselo con un ejemplo de su trabajo.
- Anímelo a autoevaluarse de manera precisa y frecuente.
- Esté disponible si necesita ayuda.
- Busque historias de éxito modestas, no irreales: algún niño puede explicar cómo —y tal vez por qué— decidió volver al buen camino.
- Averigüe lo que puede estar causando un repentino cambio en sus notas.

74. Vaya a verle hacer algo que le guste

«Vivía para el fútbol. Jugaba mucho y llegué a ser realmente bueno, siendo portero en un equipo de adultos cuando tenía catorce años. Mi padre vivía demasiado lejos para venir a verme, pero mi madre tampoco vino nunca. Ser portero es una gran responsabilidad. Se volvió demasiado grande. No podía decir al equipo cómo me sentía. Al cabo de dos años, lo dejé. Estaba demasiado estresado.»

Nos gusta compartir todo aquello que es importante para nosotros. A los niños les ocurre lo mismo. Les gusta hacer las cosas que saben que hacen bien; así que una razón para ir a verlos es dejar que presuman un poco y acepten el orgullo que sienten por su éxito. Al ir a verlo, usted se implica más en la vida de su hijo; aumenta la proximidad entre ustedes, aunque él esté haciendo algo lejos de usted. Su presencia aumentará su autoestima.

Si a su hijo le gusta jugar a fútbol, ir en bicicleta o jugar en los columpios del parque, ir a ver cómo lo hace requiere esfuerzo e incluso llenarse de barro, pasar frío o mojarse. A lo mejor está usted atónito por su afición a los juegos de guerra electrónicos. Pero florecerá en el calor de su ojo vigilante.

Padres

- Busque tiempo para ir a verlo.
- «Mamá, ¿quieres ver cómo ...?» o «Papá, ven y mira

cómo...» debería responderse con: «Claro que sí», y si es posible no añadir «después».

- Deje que lo impresione; dígale después cuánto ha disfrutado viéndolo.
- Cuando esté cerca, cuente a sus abuelos lo bien que lo hace para que se sienta orgulloso de sus habilidades; si han muerto, puede decir: «A la abuela le habría encantado verte hacer esto».

Maestros

- No puede ver lo que los niños y niñas de su clase hacen fuera del colegio, pero puede buscar un momento para escuchar algo que hayan hecho.
- Intente valorar lo que un niño disfrute haciendo.
- Si su familia y sus obligaciones laborales se lo permiten, asista a alguna actividad de sus alumnos fuera de clase; puede ser gratificante para estos ver a otros maestros entre el público cuando participan en funciones de teatro, partidos de fútbol, conciertos, etc.

75. No invierta su valor personal en el éxito de su hijo

«Cada vez que hacía algo bien, mi madre se apresuraba a contárselo a todo el barrio. Lo convertía en su propio éxito, y acabé sintiéndome utilizado, vacío y enfadado.»

Aunque es natural que los padres y los maestros estén satisfechos cuando a sus hijos o alumnos les va bien, es muy peligroso que los adultos empiecen a depender del éxito de un niño para valorarse a sí mismos.

Puede dañar la autoestima de un niño de varias y sutiles maneras. Si los padres solo se sienten bien consigo mismos cuando su hijo destaca en algo, están robando éxito al niño; eso le hará sentirse utilizado, confundido y vacío en vez de satisfecho. Necesitará acumular más triunfos para recuperar su sentido del éxito, lo cual conduce al perfeccionismo. También acabará creyendo que solo es valorado por lo que puede hacer, y no por lo que es.

Padres

- Si quiere contar a terceros los éxitos de su hijo, pida su permiso; luego piense a quién quiere contárselo y por qué.
- Evite marcar un nuevo objetivo a su hijo apenas haya alcanzado uno; ¿podría usted estar beneficiándose de la presión a la que le está sometiendo?
- Pregúntese si espera más de sus hijos que de sus hijas; ¿se identifica usted más con su hijo por algún motivo?
- Recuerde que es el éxito de su hijo, que no viene de su esfuerzo y que merece guardarlo para él.

Maestros

- Los buenos maestros no entregan simplemente resultados. Para evitar obsesionarse demasiado con los resultados, haga una lista de las otras cosas que desea que sus alumnos desarrollen y logren.

- Si cree que puede usted convertirse en un «éxito-dependiente», haga una lista de todas las otras cosas con las que disfruta y en las que destaca.
- Si los resultados de un grupo no son buenos y empieza a deprimirse por ello, recupere el control; haga una lista de las cosas que podría hacer de manera distinta la próxima vez y que podrían cambiar el resultado.

76. Deje que sea responsable de su éxito y de su fracaso

> El momento de la victoria
> es demasiado corto para vivir solo para él.
>
> Martina Navratilova

El éxito y el fracaso tienden a estar cargados de significado moral: se considera bueno triunfar y vergonzoso fracasar. Los padres pueden contagiarse de esa manera de pensar hasta tal punto que si su hijo triunfa, es un triunfo de ellos, y si fracasa, también es su fracaso. Eso puede resultar dañino, además de crear confusión.

Cuando los padres «se apropian» del éxito de su hijo, se lo están robando, y eso puede conducir al fracaso en el futuro. Quizá lo hacen para sentirse bien ellos mismos y corren a dar a los demás la buena noticia, o tal vez se atribuyen el mérito, sugiriendo que el niño no habría podido hacerlo sin ellos. De cualquier manera, si se le roba el éxito constantemente, el niño se volverá contra sus atormentadores y se negará a seguir practicando ese juego, o se quemará por su propio perfeccionismo.

Responsabilizarse de su fracaso es igualmente pernicioso. La vergüenza de un padre puede llevar al castigo o a la trivialización. Si el hijo no se responsabiliza de sus errores, será incapaz de progresar.

Padres

- Tenga expectativas realistas y acéptelo de forma incondicional.
- Vea el éxito como una información neutra: tan solo muestra lo que está haciendo bien; la gloria no debería formar parte de ello.
- Ayúdelo a sentirse a gusto con sus sentimientos de gozo o decepción, frustración o tristeza.
- Si los fracasos de su hijo le avergüenzan, impedirá que tenga la oportunidad de reponerse.
- Un fracaso muestra que su hijo se encuentra en el límite de sus conocimientos; comente por qué ha ocurrido y qué puede hacer de manera distinta la próxima vez.
- El éxito de su hijo es solo suyo; no se apropie de él.

Maestros

- Felicite siempre a los alumnos por sus éxitos y reconózcalos como de ellos.

- Describa en detalle lo que hicieron bien y las razones por las que obtuvieron el éxito, para que sepan cómo repetirlo la próxima vez.
- Durante un tiempo no los presione para que vayan en busca de nuevos éxitos. Deles un margen para adaptarse y digerir su éxito; luego permítales seguir adelante.
- No lo avergüence si fracasa. El fracaso solo indica lo que el niño debe hacer de manera distinta la próxima vez. Los insultos personales solo conseguirán que este se esconda tras las excusas.

8

Fomentar la confianza y la independencia

Los que forman a los directores de empresas dicen que el mundo está formado por tres tipos de personas: los que hacen que las cosas pasen; los que miran cómo pasan las cosas y los que no notan nada hasta después, y entonces preguntan: «¿Qué ha pasado?». Los niños que desarrollan una autoconfianza sólida tendrán más probabilidades de estar en la primera categoría cuando sean adultos. Si haces que las cosas ocurran, controlas tu propia vida. La capacidad de manejar la independencia de manera creativa y segura nos da enormes ventajas.

Pero la confianza, por supuesto, viene y se va. Podemos sentirnos muy seguros de nosotros mismos en ciertas situaciones y aterrorizados en otras, relajados con algunas personas e inseguros con otras. Eso depende de lo que pensemos que son nuestras habilidades y de si conocemos mucho o poco a la gente con la que estamos. Aparte de estas fluctuaciones, la confianza también baja de forma natural en ciertas fases del desarrollo del niño, fases que son distintas en niños y niñas.

Dos informes que hablan de ello, titulados respectivamente *The Can-Do Girls* y *Leading Lads*, concluyeron que la autoestima de los niños se mueve en los extremos, con más niños que niñas en los grupos de autoestima más alta y más baja. Las niñas están más presentes en el margen medio y superior de los grupos con autoconfianza, aunque hay más niños que niñas en esta última categoría (25 frente a un 21 por ciento). Los niños del grupo intermedio son más inseguros, y también hay más niños que niñas en el grupo de menor autoconfianza (12 por ciento frente a un 8). La autoconfianza de los niños llega a su cota más alta a los catorce años (cuando la de las niñas cae en picado) y baja a su punto mínimo a los diecinueve.

Hoy día los niños reciben mensajes muy conflictivos: cuando son pequeños a menudo se les otorga responsabilidad y poder antes de estar listos para ello, en una fase en que los padres deberían estar todavía al mando. Sin embargo, en la adolescencia, justo cuando necesitan sentirse seguros y tomar el control, les decimos que el mundo es un lugar peligroso y que no podemos permitir que se manejen solos.

Si, cuando es todavía un niño, usted demuestra confianza en él y le proporciona un ambiente seguro y predecible, no se aislará durante la adolescencia cuando la inseguridad puede hacer que las relaciones sociales se vuelvan dolorosas. Aunque todos nosotros tenemos ratos en los que preferimos estar o arreglárnoslas solos, emplear demasiado tiempo evitando gente y problemas puede distorsionar el sentido de la realidad del niño y acabar por acobardarlo.

77. Ofrézcale un ambiente seguro y predecible

El Diccionario de la Real Academia Española define confianza como «esperanza firme; seguridad que alguien tiene en sí mismo; ánimo, aliento, vigor para obrar».

Nadie puede desarrollar su confianza si no tiene seguridad en sí mismo ni tiene la seguridad de que el comportamiento de los demás es confiable y predecible. Para los niños, cuya vida no está definida del todo ni es predecible, será muy difícil adquirir la confianza necesaria —en los demás o en sí mismos— para lograr una verdadera autoconfianza o independencia. Cuando los adultos se comportan de manera arbitraria y negligente, minan la confianza del niño y generan su dependencia emocional.

La rutina ayuda a alimentar la confianza y la seguridad. Si las personas clave en el cuidado del niño creen de verdad en él y le proporcionan estabilidad, podrá empezar a confiar en sí mismo, en su juicio y en el comportamiento de los demás. No se consigue un hijo independiente desapareciendo de su vida y dejando que se espabile por sí solo, sino estando ahí para él.

Padres

- Pregúntese si su hijo empieza cada día con una idea clara de lo que va a pasar y en qué momento respecto a las rutinas, actividades o gente con la que va a relacionarse.
- Intente que vea a su padre o madre ausente a menudo.

- Procure que su comportamiento hacia él sea lo más predecible posible. Si tiene usted cambios de humor o si su rutina debe modificarse, intente explicarle el porqué.
- Intente hacer algo para aumentar el sentido del orden y de «expectativa asegurada» en su vida.

Maestros

- Es beneficioso para los niños que las lecciones tengan una estructura y un propósito claros y que los objetivos se perfilen desde un principio, de manera que sepan qué esperar.
- Los niños trabajan mejor cuando se les da tareas bien estructuradas, que canalizan sus energías y habilidades a la hora de hablar y escuchar con un propósito bien definido.
- Infórmelos de antemano si va a haber algún cambio durante la lección o la jornada escolar.

78. Fomente sus habilidades sociales

Por lo general, el lenguaje y las habilidades sociales y comunicativas de los niños suelen estar menos desarrollados que los de las niñas. Los niños son más inquietos que las niñas y en general tienen mayor dificultad en controlar sus pensamientos y su comportamiento. También es más probable que prefieran expresarse con acciones en lugar de con palabras. Les resulta más difícil comprender o explicar las razones de su propio comportamiento o del de los demás, pese a que esa reflexión es la que favorece la tolerancia, la compatibilidad y el conocimiento emocional.

Cada vez más, los empleadores buscan buenas habilidades sociales en sus posibles empleados. Quieren gente dispuesta a forjar relaciones, capaz de trabajar en equipo, de discutir y vender sus ideas y que pueda desarrollar la empatía y la comprensión necesarias para manejar discrepancias. La capacidad de trabajar de esta manera es fundamental para alcanzar el éxito en el trabajo y en el ámbito de las relaciones sociales.

Los niños socialmente adaptados, que forjan y mantienen relaciones cercanas, no son tan propensos a meterse en líos cuando se encuentran frente a una dificultad. Los niños necesitan ayuda para expresarse de manera honesta y segura —a través de las palabras, en lugar de la agresión física o la retirada.

Padres

- Inclúyalo en su vida social siempre que sea apropiado para demostrarle que le gusta estar con él y que confía en que sabrá comportarse.
- Intente ser sociable; si su hijo ve que usted se relaciona con los demás con seguridad, aprenderá de usted.
- Fomente las amistades: invite a los amigos de su hijo, averigüe si hay algún grupo social o deportivo que pueda frecuentar de forma regular y limite las actividades solitarias como los juegos de ordenador.
- La lectura desarrollará su capacidad de reflexión y

de empatía; hable con él tanto como pueda; pregúntele cuál es su punto de vista; cuéntele lo que ha hecho y escúchelo con atención cuando él le hable.

Maestros

- Incluya en sus lecciones trabajos en parejas o grupos pequeños para que los niños aprendan a escuchar, hablar, respetar y aceptar compromisos.
- En las clases mixtas, asegúrese de que niños y niñas trabajan juntos para descubrir nuevas maneras de pensar, hacer y aprender.
- Para un niño puede ser muy importante con quién se sienta.
- Fomente la discusión, la escucha y la reflexión; cuando los niños desarrollan estas habilidades y piensan antes de escribir, el nivel de su trabajo sube.
- Invite a estrellas locales del deporte o de la música a comentar libros, poemas u obras de teatro.

79. Dele oportunidades para ponerse a prueba

La confianza proviene de la competencia. Cuando un niño siente que puede hacer las cosas bien, cuando su experiencia le muestra que tiene éxito y supera obstáculos, y no que fracasa y se queda atrás, su confianza crece a pasos agigantados.

Cuantas más habilidades adquiera, mejor, pero no conseguirá ningún triunfo si mira la televisión todo el día o si se le dice constantemente que no sirve para nada. Hágale salir para asegurar un equilibrio en sus actividades de ocio. Evite los estereotipos de género cuando le sugiera cosas nuevas que probar.

Cuando llegue el momento, dejar que conozca el mundo laboral le ayudará a aumentar su confianza acerca del futuro y le permitirá ver cómo se desenvuelve usted fuera de casa. Tal vez desee un trabajo a tiempo parcial o, si es pertinente y factible, quizá pueda ir con usted al trabajo de vez en cuando. Cada vez más, los colegios organizan experiencias laborales para sus alumnos, ya que este tipo de actividades refuerzan la confianza de los niños en sus futuros objetivos.

Padres

- Todo viaje comienza con un primer paso: no lo hará tan bien como usted, pero necesitará sentirse competente desde el principio; las bromas acerca de su incompetencia lo frenarán.
- Las vacaciones con actividades y los clubes extraescolares permiten a los niños descubrir nuevas habilidades.
- Inclúyalo en las tareas que usted haga: cocinar, limpiar, lavar el coche, sacar las malas hierbas, bricolaje, cuentas del hogar o de su negocio o cuidar de los demás, y acepte que le llevará más tiempo realizar esas tareas.
- Déjele exponer sus ideas y opiniones y respételas; no compita con él.

- Debe animarse a los niños a presentarse como voluntarios para hacer trabajos, y a veces es bueno crearles tareas especiales como un incentivo adicional.
- Anime a cualquier niño que carezca de amigos, confianza y habilidades sociales a abrirse de distintas maneras.
- El teatro puede usarse de manera efectiva en muchas lecciones para conseguir que los niños prueben nuevos papeles y aprendan nuevas habilidades.

80. Trabaje con y para sus puntos fuertes

Cualquier niño aprenderá más fácilmente, rendirá mejor y estará más motivado si puede realizar actividades de una manera que le satisfagan (usando la vista, el oído o el tacto, por ejemplo) y a través de temas que le interesen. El importante sentido de la maestría del niño (lo efectivo y competente que se siente) se desarrollará mejor cuando se le permita empezar desde lo que es y desde donde está.

El éxito lleva al éxito. Todos los educadores saben que cuando un niño destaca en algo, su nueva seguridad le permitirá ir mejor en otras cosas.

Reconocer los puntos fuertes de su hijo le ayudará a sentirse no solo comprendido, sino también aceptado, lo cual le dará la libertad de aprender y desarrollarse a su manera.

Padres

- Identifique sus habilidades y sus puntos fuertes; concéntrese en lo que sabe hacer, y no en lo que no sabe.
- No menosprecie los talentos que él valore.
- Piense en cómo le gusta aprender y trabajar, y en sus principales pasiones; no lo fuerce a trabajar de manera que vaya contra su inclinación natural.
- Si su mala concentración le impide leer ficción, puede leérsela usted: lea los primeros capítulos para ayudarlo a meterse en el libro; pruebe con una serie (los personajes y los argumentos le resultarán familiares muy pronto) o con historias cortas (por ejemplo, ciencia ficción).

Maestros

- A los niños les gusta aventurarse, arriesgarse y actuar para presumir de su ingenio verbal; el teatro utiliza esos talentos y puede ser un vehículo para disfrutar con las clases de lengua.
- Descubra la pasión del alumno; aplíquela a su tema y déjelo volar: los niños se concentran mejor cuando están interesados.
- Los concursos de conocimientos son uno de los grandes favoritos de los niños: despiertan y alimentan su instinto competitivo.
- El juego de los niños pequeños a menudo parece más vigoroso y menos verbal y fluido que el de las niñas. Cons-

truya sobre esa base, no la tire abajo; fomente el desarrollo de argumentos y personajes usando juguetes, modelos y, a veces, niñas.

81. Independencia sin abandono

Debería darse cierta independencia a los niños cuando estén preparados para recibirla y no porque le resulte cómodo al adulto, sin tener en cuenta si es apropiada para la edad, la madurez o los deseos del niño. A veces, las necesidades prácticas de la familia son el catalizador que otorga independencia y lo hace en el momento adecuado. Sin embargo, es importante evaluar si una mayor libertad para su hijo le conviene especialmente a usted y ser consciente de cómo puede él interpretar sus motivos. No debería recibir demasiada libertad demasiado pronto, ni ser explotado o sentirse abandonado. Aunque parezca capaz de salir adelante, en la realidad puede sentir que aún necesita su compañía, sus consejos y su atención, pero ser demasiado orgulloso para decirlo.

Si un niño se siente violentado, utilizado, explotado y abandonado, o incómodo con la responsabilidad suplementaria que acompaña una mayor libertad, su autoconfianza y su autoestima pueden dañarse, en lugar de acrecentarse. Puede sentirse angustiado y fuera de su ambiente, algo que aumentará sus dudas personales y destruirá su confianza.

Padres

- Las primeras veces que su hijo haga algo nuevo, permanezca cerca de él para que sepa que no está totalmente solo.
- Aplique el concepto de «independencia con apoyo» para comprobar si se siente abandonado; tal vez los amigos puedan proporcionar ese apoyo.
- Pregúntele si se siente realmente contento con las disposiciones que usted ha tomado para que viaje, salga adelante o se quede solo.

Maestros

- El «aprendizaje independiente» es importante, pero los alumnos continuarán necesitando apoyo.
- Los niños necesitan ayuda para administrar el tiempo. Para proyectos con un corto plazo de entrega, esté disponible para consultas a horas convenidas desde el momento en el que da el trabajo.
- Sugiera a los niños que dividan su trabajo en distintas partes; puede establecer fechas de entrega para esas distintas partes a fin de ayudarlos y de evitar que alguien se quede atrás.
- Las tareas y responsabilidades deberían ir acompañadas de instrucciones claras.
- En los proyectos individuales, pregunte a cada niño qué tipo de ayuda puede necesitar.

82. Vigile y supervise pero a distancia

«Una noche tenía que estar en casa a las once. Mis amigos y yo hicimos otros planes, así que llamé a mi casa con alguna historia inventada sobre por qué necesitaba pasar la noche con uno de mis amigos. Mamá no se lo tragó y se mantuvo firme. Luego estuve contento. Me di cuenta de que no estaba seguro de lo que habría podido ocurrir esa noche.»

La investigación muestra que los niños que se meten en líos salen durante largos períodos de tiempo en los que no tienen que informar de sus idas y venidas a nadie. Revisar y vigilar ayuda a mantener a los niños encarrilados mientras exploran su nueva libertad, pero debe hacerse de manera inteligente y discreta para que los niños no se sientan insultados por lo que puede parecerles una falta de confianza.

Conocer los movimientos de su hijo es vital. Ayuda a que él se sienta seguro porque sabe que usted está al tanto y que se preocupa. Si deja que se valga por sí mismo, puede que le resulte difícil avanzar, que se sienta abandonado y luego se vengue buscando problemas intencionadamente.

Padres

- Cada vez que salga, convenga con él horas para llamar y regresar a casa. Cuando llegue, pregúntele en un tono desenfadado qué ha hecho y cómo ha ido todo.

• Si está usted preocupado, compruebe su historia con los padres de sus amigos; asegúrese de que tiene sus números de teléfono.

• Si llega tarde, pídale detalles para que sepa que lo ha notado y que se preocupa; intente estar despierto a su regreso para poder juzgar en qué estado se encuentra.

• Compruebe el ambiente del lugar adonde suele ir e intente conocer a sus amigos.

• Controle regularmente su habitación; le aportará datos sobre sus problemas de estudio o personales.

Maestros

• Esté alerta ante un incumplimiento repetido de las fechas de entrega de los trabajos; consulte con sus colegas si está preocupado.

• Vigilar a los niños de cerca no les ayudará a aprender a manejarse y a controlarse; esté alerta durante los recreos, pero a distancia.

• Es fácil elaborar informes sobre las notas obtenidas en clase sobre la puntualidad y sobre un mal comportamiento; así que preste atención a otros signos menos obvios de problemas personales como las lágrimas, las visitas a la enfermería y los cambios en la apariencia física.

83. Desarrolle la responsabilidad y el riesgo seguro

La investigación muestra que, desde su nacimiento, los niños son más propensos a correr riesgos que las niñas, son menos reflexivos acerca de cualquier consecuencia y por lo tanto menos cautelosos. Puede reducirse el peligro que conllevan esos riesgos haciendo saber al niño que uno lo quiere, mejorando sus habilidades de razonamiento y reflexión y, sobre todo, asegurando que sus responsabilidades crecen con sus derechos. La responsabilidad es importante. A través de ella, nos damos cuenta de lo que podemos hacer, sentimos que se nos tiene confianza y respeto, y ganamos en competencia, algo que contribuye a que corramos riesgos de manera más segura. Los niños deberían crecer teniendo una responsabilidad apropiada y cada vez mayor, empezando con cosas como ordenar sus juguetes, tener listas sus cosas del colegio o enjuagar su ropa y equipo de natación o de fútbol. Más tarde, puede responsabilizarse de manera razonable y progresiva de otros, algo que también promueve el compromiso con los demás. Sin embargo, la capacidad de arriesgarse es importante. Sea tolerante con los errores que su hijo cometerá inevitablemente mientras aprende a adquirir responsabilidades.

Padres

- Cuando su hijo pida más independencia, intente dársela. Si la libertad que reclama causa problemas, discuta una alternativa que le satisfaga; de esa manera él tendrá menos necesidad de luchar y probarse a sí mismo.
- Sea consciente de su capacidad de coordinación y de su fuerza física, y mantenga un equilibrio entre los riesgos que tome y sus habilidades físicas.

- Los derechos emparejados con responsabilidades pueden fomentar un comportamiento más seguro, pero todo los niños, especialmente los adolescentes, correrán riesgos en algún momento. Hable con su hijo sobre la confianza y sobre el hecho de correr riesgos de manera segura, y ponga unos límites claros a su libertad.

Maestros

- Aprender requiere responsabilizarse y correr riesgos; cuando ambas cosas se mantienen en equilibrio, ofrecen lecciones útiles para el resto de la vida.
- Los niños difíciles, o con baja autoestima, tal vez respondan bien si se les dan tareas y responsabilidades especiales.
- Los niños que cometen actos que pueden causarles la muerte están quizá reflejando la irresponsabilidad que perciben en adultos cercanos a ellos. Manténgase informado de las posibles razones que existen tras ese comportamiento de alto riesgo.
- Comente las ventajas y desventajas de correr riesgos en las clases de educación personal y social, así como en las reuniones. Discuta con los niños la necesidad de sentir emociones fuertes y excitantes, y el papel que juegan estas.

84. Fomente la autodirección

«Cuando los padres de nuestra clase de segundo de E.S.O. vienen al colegio por primera vez, reciben la charla de cómo vencer la cultura del niño machista que tan a menudo se afirma. Discutimos lo que pueden realizar para hacerle frente, y una de las primeras cosas que digo es: "Deje de hacérselo todo, permita que se las arregle solo".»

Puede ser difícil soltar las amarras. Con las vidas atareadas que llevamos, a veces sentimos que carecemos de tiempo para demostrar nuestro amor y compromiso. Una manera de hacerlo, cuando nuestros hijos crecen y resulta más difícil abrazarlos, es atender a sus necesidades. Los maestros dicen que cuando los niños empiezan la escuela secundaria son mucho menos independientes y competentes que las niñas, algo que afecta a su capacidad de estudio. A lo mejor nos sentimos inconscientemente incómodos enseñando a los niños cómo funciona la lavadora, cómo cocinar o cómo planchar. Además, los niños pueden ser muy patosos. Preferimos hacer el trabajo que verlo luchar, estropear algo, salir de casa con aspecto zarrapastroso u olvidándose algo porque no ha planeado lo que necesitará luego.

Pero mimar a los niños no es ayudarlos. Los mantiene dependientes y les impide desarrollar las habilidades que necesitan para manejar el colegio, el trabajo y su tiempo.

Padres

- Fomente la independencia económica; dele dinero de bolsillo regularmente y manténgase firme con la cantidad.

- Fomente la capacidad de hacer planes. Si planean una salida, como diversión pídale que averigüe el horario y el coste; dele un presupuesto y póngalo a cargo del dinero de la familia para ese día.
- Puede empezar pronto dejando que se ponga los zapatos, se lave la cara, prepare sus cosas del colegio, etc.
- Asegúrese de hacer otras cosas por su hijo para que sepa que sigue queriéndolo y preocupándose por él.

Maestros

- Asegúrese de informar a los padres de los beneficios que aporta la independencia: los niños que saben cuidar de sí mismos aprenden con más facilidad.
- No caiga en la tentación de permitir que los niños dejen de hacer cosas porque tienen tendencia a ser menos organizados.
- Los niños que viven en dos familias pueden tener dificultad para acordarse de traer los libros, sobre todo al principio; es mejor darles dos pares de libros que reñirlos y agravar así sus problemas.
- Fomente el uso de agendas y diarios de trabajo.
- Hable de la importancia de administrar el tiempo y el trabajo, y de desarrollar la capacidad de planear.

85. Deje que diga no

La autoestima da a los niños el poder de decir «¡No!» de forma rotunda a sus amigos o a un adulto que se comporta de una manera alarmante o extraña. Para los niños que deben ser «buenos» todo el tiempo, y que necesitan gustar a alguien para ser aceptados, resulta mucho más difícil alejarse de un peligro potencial porque eso puede implicar ser objeto de burlas, ser regañado, o que le vuelvan la espalda.

Una gran autoconfianza es una manera de que el niño se sienta seguro, y los padres y otros cuidadores deberán alimentar la autoestima, que es donde nace la confianza. Pero los niños necesitarán también un poco de práctica. No pueden pasar de ser dulces niños de «sí» a fieros niños de «no» de pronto. A muchos padres les parecerá, no sin razón, que su hijo ya es suficientemente descarado y no necesita que le den más ánimos. Pero no es insolencia lo que se requiere. La preparación adecuada incluye tener la libertad de discrepar, ser capaz de defenderse con argumentos razonados, y no a puñetazos, y aprender a respetar su propio juicio.

Padres

- Evite regañar a su hijo por tener puntos de vista distintos a los suyos para que se sienta seguro de sí mismo, aunque su opinión no coincida con ninguna otra.
- Permítale expresar sus sentimientos; si puede sentirse enfadado, triste o excitado en casa, le será más fácil reaccionar de manera honesta y decisiva en situaciones potencialmente peligrosas.
- Dígale que confía en su juicio.
- Escúchele bien cuando quiera decirle algo.

• Respete su elección respecto a las amistades; si las critica demasiado a menudo, es más probable que ignore sus reservas sobre temas serios.

Maestros

• Nuestra economía, y por consiguiente nuestra educación, están cambiando radicalmente; los empresarios ya no quieren ejércitos de autómatas o ratones. La obediencia a ciegas ya no se valora, aunque sí el respeto; los niños mayores, en especial, deben tener el espacio suficiente para discrepar dentro de los límites del respeto mutuo.

• Escuche y respete el derecho del niño a ver las cosas de manera distinta y a expresarlo, siempre que lo haga educadamente; escucharlo no significa que haya cedido ante él.

• Explore la posibilidad de un compromiso; puede tener una buena idea, ante la que puede usted reaccionar de otra manera.

86. Enséñele cómo salir adelante y sobrevivir

La mejor herramienta para manejar problemas es la experiencia. Esta disminuye el temor y también ayuda a desarrollar el sentido común. Esconderse de los temores los agranda. Quedarse en casa o dentro de un coche no desarrolla las habilidades sociales, y envolver a los niños y niñas entre algodones no es una manera responsable de ser padres. Salir con ellos a pasear, ir en bicicleta y viajar en transporte público les desarrolla el sentido geográfico y les enseña las reglas de circulación, y si salen a caminar por la noche aprenderán a respetar, y no a temer, la oscuridad.

Tampoco ayuda a la salud física quedarse en casa la mayor parte del tiempo. Las dos mejores defensas contra la intimidación física y otros peligros son cuerpos fuertes y confianza en uno mismo. Cuando los niños están fuertes y sanos y confían en su fuerza física natural, son capaces no solo de huir corriendo de alguien, sino también de tener confianza en sí mismos y ser considerados como alguien con quien sería un error pelearse.

Discuta con su hijo distintas maneras de afrontar este tipo de situaciones, en especial cómo reducir el riesgo y protegerse a sí mismo.

Padres

- Algunas estrategias para reducir el riesgo son: mantenerse en lugares públicos y con gente, evitar escaleras traseras y metros, salir en grupo (preferiblemente con gente que conoce y en la que confía) y permanecer juntos y llevar el dinero de manera segura (una pequeña cantidad en el billetero y el resto en otro lugar).
- Practique también respuestas rápidas: un comentario inteligente soltado en su momento es más seguro que un puñetazo.
- Pregúntele si está preocupado por algo y discútalo con él.

- Es importante que se sienta seguro de sí mismo; no haga mella en su confianza con el espectro de la tragedia.
- Si se va a ir de copas con amigos, dele un buen plato de comida antes.

Maestros

- Si es posible, organice periódicamente una salida a pie.
- Incluya temas de seguridad y supervivencia en las clases de educación personal y social, pero mantenga las discusiones en un tono positivo: el miedo al «peligro del extraño» puede descontrolarse y minar la confianza de los niños.

87. Aborde los temas prohibidos

El sexo, el alcohol y cada vez más las drogas forman parte del entorno en el que crecen nuestros hijos. No deberían convertirse en temas prohibidos de conversación para su familia. Aunque los niños necesitan su privacidad cuando entran en la adolescencia y se defenderán (a veces de modo agresivo) contra la intrusión de sus padres, y aunque es difícil encontrar el tono y evitar sonar incómodo, es importante seguir hablando. La comunicación debe mantenerse por si se presenta un problema serio.

Los niños suelen alardear, exagerar e inventar para ganar prestigio y atención. Cuando los amigos empiezan a alardear, el niño se siente bajo presión y afirma que él también «ha estado ahí y ha hecho eso». Pero, en realidad, lo más probable es que esté experimentando. A la edad de catorce años, uno de cada tres niños habrá probado las drogas. Decir a un niño que no haga algo cuando la presión de sus compañeros es muy fuerte puede no resultar efectivo, pero sugerirle que controle la situación y se mantenga fiel a sí mismo, haciendo cosas solo cuando él crea que está bien hacerlas, puede aportarle esa poca valentía de más que le ayudará a decir no y a defenderse a sí mismo.

Padres

- En casa, hable abiertamente de sexo para que el tema no sea tabú.
- Si hablar de sexo, alcohol y drogas resulta difícil, dele a su hijo algo para leer: existen muchos folletos o libros sobre sexo seguro y consumo de alcohol y de drogas. El centro de salud de su localidad puede ser una fuente de ayuda.
- Manténgase en guardia; infórmese y esté alerta ante los indicios de consumo inapropiado (demasiado o en el momento inadecuado) de drogas o alcohol.
- Si usted inicia una nueva relación durante la pubertad de su hijo, sea consciente de que la parte sexual de esa relación será difícil de asumir para él; mantenga la discreción, no compita con su hijo.

- La mayoría de los colegios de primaria y secundaria tienen programas de educación personal, social y de salud cada vez más coherentes; un miembro del profesorado con el conocimiento y las habilidades profesionales y personales adecuadas debería dar a estos programas un perfil llamativo.
- Una autoestima alta y una buena capacidad social o de comunicación son las mejores defensas contra una actividad sexual prematura, el embarazo adolescente y el consumo de drogas; la enseñanza debería reflejar todo esto.
- A la hora de enseñar educación personal, social y de salud los maestros deberían poseer excelentes habilidades para trabajar en grupo y permitir así a todos los alumnos participar cómodamente y con seguridad en la educación sexual y de drogas; también deberían tratar el tema seriamente.

88. Fomente la autodirección

> Las personas no se resisten al cambio,
> se resisten a ser cambiadas.
>
> Gerard Nierenberg

La autodirección es un tipo de independencia. Los niños que se autodirigen son capaces de manejar tareas y problemas de forma independiente. Se sienten autónomos; tienen cierto control sobre sí mismos, pueden influir por lo menos sobre ciertos aspectos de sus vidas que son importantes para ellos. Los niños que no tienen ninguna oportunidad de autodirigirse, o que no tienen la capacidad o la confianza para hacerlo, se sienten impotentes y dependen totalmente de los demás para avanzar.

La autodirección y la independencia se alimentan la una a la otra. Cuanto más autodirigidos son los niños, mejor llevan su independencia; y cuanta más independencia tengan, siempre y cuando sea apropiada, más desarrollan la confianza y las habilidades para convertirse en seres autodirigidos y seguros de sí mismos, y mostrar iniciativa y creatividad.

La primera experiencia de autodirección de un niño se la ofrecerá su madre o cuidadora respondiendo a sus necesidades básicas de comida, calor, bienestar y atención.

Padres

- Los padres que lo dirigen todo crean dependencia: cuanto más diga a su hijo lo que tiene que hacer, menos competente se siente y más lo necesita a usted.
- Dele dinero de bolsillo en cuanto sea capaz de administrarlo, así puede gastarlo como él quiera.
- Cuando los niños se sienten impotentes, enseguida aparece la desesperanza.
- Si cree que su hijo debe cambiar algo, hágalo partícipe para decidir cuándo y cómo; si él quiere cambiar algo, coopere.
- Para ser autodirigido, el niño necesita tiempo para él; si usted llena cada momento de su hijo, no lo ayudará.

- Los alumnos mejoran cuando entienden claramente lo que tienen que hacer para progresar; sea específico en cuanto a objetivos y propósitos.
- Preguntarle a un niño «¿Quieres hacer esto de esta manera o de aquélla?» le ayuda a sentir que tiene algo de control sobre lo que se le ha pedido que haga.
- Una vez tenga un objetivo, pregúntele cómo piensa alcanzarlo.
- Anímelo a pensar, planear y manejar su propio tiempo para satisfacer sus necesidades y las de usted.
- Fomente la autoevaluación como parte del proceso.

9

Analizar nuestro papel y nuestros sentimientos

Aquí es donde volvemos a los orígenes. Pese a la importancia cada vez mayor que se le da al poder de los genes y a la reconocida presión de los compañeros, los padres y otros adultos clave en la vida del niño disfrutan de una posición privilegiada para influir en este y aumentar su fe en sí mismo, su sentido de la autocompetencia y por consiguiente su autoestima. Un niño puede nacer con una predisposición positiva frente a la vida y frente a sí mismo o con una predisposición negativa, pero los adultos cercanos a él pueden ayudarle a desarrollarse o a minar su fuerza. Muchas familias tienen dos hijos varones que no podrían ser más distintos el uno del otro. Algunos niños necesitan mucho más apoyo que otros. Es nuestro deber de adultos proporcionar, en la medida de lo posible, las condiciones en las que el niño pueda sentirse seguro y capaz, y no inseguro e incapaz. El niño tiene que sentir que puede influir en su vida, y no simplemente reaccionar ante los acontecimientos y hacerse la víctima. Necesita valores, dirección y la capacidad de entregarse a las actividades, a las causas y a las personas disfrutándolas, sin sentirse desarraigado, aislado o completamente centrado en sí mismo.

Podemos influir en nuestro comportamiento, pero no siempre controlarlo o incluso dirigirlo como nos gustaría. Intervienen factores externos, y el estrés, la inseguridad y los cambios nos impiden ser tan efectivos como deberíamos. A menudo, el comportamiento de un niño pone a prueba nuestros propios límites. Él también contribuye a la dinámica de la relación y, a medida que se acerca a la edad adulta, es cada vez más responsable de su propio comportamiento. Si hemos proporcionado lo esencial, aceptado sus imperfecciones y las nuestras y demostrado nuestro compromiso general de una manera que lo satisface, entonces le hemos dado una base firme sobre la que construir.

Nuestros sentimientos, esperanzas y miedos sobre nosotros mismos y nuestros hijos inevitablemente condicionan lo que decimos y hacemos. Ningún ser humano es tan generoso como para anteponer siempre los intereses de otro a los suyos. Los niños reclaman, y necesitan, mucho tiempo y atención. Darles todo lo que piden agota las reservas hasta tal punto que, a veces, puede preguntarse si queda algo de usted. Si no busca tiempo para recargar pilas periódicamente (para mantener y desarrollar su propia autoestima), puede acabar poniendo barreras protectoras a la desesperada, de una manera arbitraria, para protegerse a sí mismo, y separándose así de su hijo cuando él más lo necesita.

La mejor manera de ayudar a sus hijos a crecer felices y sanos es asegurarse de que usted también continúa creciendo y disfrutando de la vida, tanto dentro de su familia como fuera de ella.

89. Apréciese y confíe en usted

Cuando está cuidando a los niños que tiene, también debe cuidarse a sí mismo. No necesitamos que se nos diga que cuanto mejor nos sintamos, mejor afrontaremos los retos y las dificultades, y más amables seremos con las personas con las que vivimos y trabajamos. Todos lo sabemos. También sabemos que cuando hemos tenido un mal día o estamos muy cansados, tendemos a volcar nuestras frustraciones sobre nuestros seres más queridos. Cuidarnos es una inversión que beneficia a los demás, pues cuando estamos bien, nos sentimos positivos hacia los demás y les transmitimos nuestros sentimientos.

Puede resultarle difícil confiar en su competencia en todas las fases de la infancia del niño y con cada problema que se presenta. La mayoría de los padres y maestros disfrutan ciertas fases del desarrollo más que de otras. Mientras que estos últimos pueden escoger la edad de los niños a los que van a enseñar, los padres no tienen elección: deben arreglárselas en todas las edades. Su inseguridad será real, pero los niños valoran la firmeza. Comente cualquier problema con su pareja y sus amigos, analice con cuidado sus reacciones iniciales y, si todavía se siente igual, confíe en sí mismo y mantenga la coherencia.

Padres

- Hable con gente; normalmente ayuda.
- Identifique su pequeño placer, aquello que lo calma y lo ayuda a recuperar la fe en usted; puede ser leer

un libro entretenido, ir al cine o tomar una copa con los amigos.

- Asegúrese de que su pequeño placer sea realista; si sus planes son grandiosos, cuando no funcionen pueden producir el efecto contrario.
- Intente hacer planes para que su «placer» se realice de manera regular; aunque algunas cosas caben en espacios cortos de tiempo, otras necesitan más tiempo y requieren cierta planificación.
- «Siempre he querido...», pues hágalo.

Maestros

- Confíe y crea en sí mismo; si duda de su capacidad, interpretará el comportamiento difícil como un ataque personal y reaccionará de manera defensiva, provocadora y poco constructiva.
- Haga una lista de lo que le parece que son sus puntos fuertes profesionales y luego determine si pueden mejorarse. Comente con los colegas cómo compartir habilidades colectivas para ayudar al desarrollo profesional.
- Los niños difíciles requieren mucho esfuerzo. En vez de pretender tener una competencia total y sufrir por ello, organice un grupo con colegas comprensivos para darse apoyo y compartir ideas.
- Después de una mala racha, cuídese, no se castigue.

90. Déjele ser diferente

«Mi padre consideraba que yo tenía que ser como él en todos los aspectos. Tenían que gustarme e interesarme las mismas cosas; incluso pensaba que tenía que hacerme ilusión llevar su ropa vieja y escuchar su música. Cada vez que intentaba distanciarme, me volvía la espalda y se ofendía. El mensaje era claro: yo solo era aceptable cuando seguía su ejemplo.»

Pasamos los primeros años de la vida de nuestro hijo tratándolo como a un espejo, buscándonos a nosotros mismos en él. Empezamos con su cara: «Tiene mis ojos o la nariz de su padre». Todos los parecidos son pruebas de que nuestro hijo es parte de nosotros y nos pertenece; además, parecerse es divertido. Por ello puede resultar chocante cuando más tarde nos vemos forzados a aceptar que es diferente, y que a lo mejor se esfuerza en serlo para afirmar su individualidad.

Si utilizamos a nuestro hijo para validarnos a nosotros mismos, lo encadenamos y lo ahogamos. Crecer ya es difícil, pero lo será aún más si le negamos el derecho a ser diferente.

Padres

- Dé espacio a su hijo para ser él mismo; si usted se siente incómodo porque él es diferente de usted, es su problema, no el de su hijo.
- No compita con él, ni lo critique, ni lo ridiculice;

cada vez que usted lo riñe, lo lleva a su territorio y eso hace que él piense que usted considera que sus métodos, talentos y preferencias son mejores.

• Implicarse en la vida de su colegio es estupendo, pero no sobrepase ciertos límites; todos los niños necesitan un espacio para ser ellos mismos, libres de la mirada vigilante de sus padres.

• Muestre interés por la música, las revistas, los juegos o la ropa que le gustan para validar su elección, aunque la moda actual sea temporal.

Maestros

• Anime a los niños a que sean conscientes de su identidad y de sus diferencias.

• Anime a los niños a tolerar las diferencias, ya sean opiniones, talentos, características físicas o raza.

• Varíe sus métodos de enseñanza; la manera que usted considera más apropiada de transmitir información puede no ajustarse a los estilos de aprendizaje de todos los niños de su clase.

91. Conozca sus expectativas

Cada familia tiene su propia historia. Eso influye en lo que esperamos para nosotros y para aquellos con quienes vivimos, lo queramos o no. Solemos tener un plan oculto, que los niños detectan y ante el cual reaccionan.

Hoy día, aunque aceptamos que la educación y las carreras son importantes para las niñas, los niños suelen llevar una carga más pesada en cuanto a la expectativa de sus estudios superiores: «Espero que seas abogado como yo» o «Deberías hacer lo que hice yo; a mí me ha ido bien». Al otro lado del espectro, si los hombres de una familia han sido cuidadores o cabezas de familia inestables o poco fiables, las expectativas para la última generación de varones pueden ser muy bajas.

Algunas «historias» típicas que se esconden tras esas expectativas son: «Haz lo que digo, no lo que hice» (usted desperdició las oportunidades que tuvo y no quiere que su hijo haga lo mismo); «símbolo del éxito» (usted ha tenido mucho éxito en su profesión y el éxito de su hijo será un triunfo más) y «oportunidades perdidas» (quiere que su hijo haga lo que usted siempre quiso hacer pero no pudo).

Padres

- Haga una lista de las expectativas que tiene para su hijo, sea honesto sobre la razón de estas y piense en las consecuencias positivas y negativas para él de cada una de ellas.
- Piense en el deporte, la música, el arte, el colegio, la carrera, las aficiones y el tiempo de ocio; piense si sus expectativas en cada uno de esos campos son altas, medianas o bajas; si hay muchas «altas,» plantéese de nuevo sus expectativas.
- Pregúntele si está de acuerdo con sus objetivos y si siente que puede y sabe cómo alcanzarlos.

- Analice si sus expectativas académicas a corto plazo son realistas y cómo se sentirá usted si él no las cumple.

Maestros

- Los niños necesitan objetivos altos pero alcanzables a corto plazo. Asegúrese de que sus objetivos personales y los del colegio no imponen una presión indebida a sus alumnos.
- Ayude a los niños a definir sus propias expectativas e intervenga solamente si han juzgado la situación de una manera excesivamente positiva o negativa.

92. Lo que espera es lo que obtiene

«Diez minutos para ir al colegio. Recuerda todo lo que necesitas; nos encontraremos frente a la puerta delantera a menos cuarto.» En el caso de niños mayores, esta manera de dirigirse a ellos es mucho más útil y positiva que: «Solo te quedan diez minutos. ¿Llevas los deberes? ¿Te has lavado los dientes? No te olvides del equipo de deporte, y no llegues tarde como ayer».

Cuando los niños notan que un adulto confía en ellos se sienten orgullosos de esa confianza y se esfuerzan en mantenerla. Las investigaciones revelan que las altas expectativas producen buenos resultados y que las bajas producen malos resultados: lo que se espera es lo que se obtiene. En este caso «lo que usted espera» es su percepción de la personalidad y del comportamiento de su hijo. «Lo que usted obtiene» es el comportamiento que usted espera. Si pide a un niño que haga algo de la manera que usted supone y espera que lo hará, es muy probable que obtenga el resultado que desea. Lo opuesto también es cierto: cuando sugiere que no cooperará o triunfará en algo, lo más probable es que no lo haga.

Padres

- Sea positivo: hágale saber las cosas que hace bien. Si no hace algo, repita su petición; no le riña por su omisión.
- Deje de predecir o esperar malos resultados o un mal comportamiento con frases como: «Supongo que suspenderás este examen también» o incluso «Serás bueno, ¿verdad?».
- Evite ponerle etiquetas, sobre todo si son negativas, como «gamberro», «ladrón», «mentiroso» o «malo»; dele esperanza y fe en sí mismo.

Maestros

- Tenga expectativas adecuadas y realistas acerca del contenido del trabajo del alumno, y expectativas altas para la calidad de la presentación y de la puntualidad de la entrega.
- A muchos niños les resulta difícil presentar un trabajo limpio, pero no desarrollarán esa habilidad si el hecho de pertenecer al sexo masculino se convierte en una excu-

sa. Los ordenadores pueden ayudar a mejorar la presentación del trabajo y animarlos a pensar que son capaces de elaborar un trabajo limpio.

- Fomente la reflexión; esta facultad debería reflejarse en el trabajo escrito y en las discusiones de clase: Con esa expectativa, es más probable que los niños desarrollen esa importante habilidad.

93. Cuide sus palabras

Las palabras tienen un poder enorme. Lo que dicen los padres y maestros, y cómo lo dicen, puede tener un enorme impacto. Los niños son tan sensibles como las niñas ante unas palabras dolorosas, por más que pretendan lo contrario.

Sin darnos cuenta, podemos decir cosas que humillan a los niños y dañan su autoconfianza y su respeto de sí mismos. Los padres y las figuras paternas en especial suelen burlarse en broma de sus hijos con un estilo que incluye amenazas, sarcasmo e insultos. Lo hacen porque se sienten incómodos con adulaciones directas y con la intimidad, pero también porque les hace sentirse poderosos y superiores. Sin embargo, los niños vulnerables nunca estarán seguros de que no se trataba de una crítica.

Si queremos establecer relaciones con los niños que hagan que se sientan amados y cuidados, debemos hacer menos comentarios que los debiliten, aunque lo hagamos en broma.

Padres

- Fastidiar verbalmente es una forma de manipulación que debe usarse con cuidado y muy de vez en cuando.
- Alábelo mucho; eso no lo convertirá en una persona orgullosa si le enseñamos que «bueno en algo» significa «diferente de», y no «mejor que».
- Sea consciente de que cuando criticamos a nuestro hijo tal vez lo hacemos (es un mecanismo de defensa) para ocultar nuestras propias carencias.
- Comentarios como «No te puedo llevar a ningún lado», «No me importa lo que piensas», «¿Por qué te gusta tanto eso?», «Probablemente acabarás en la cárcel» o «Nunca aprenderás» destruirán sistemáticamente la autoestima del niño y su confianza en sí mismo.

Maestros

- Sea positivo en todo momento; practicar boxeo en broma con un chico muy seguro de sí mismo puede resultar aceptable para él, pero también puede atemorizar a otro niño y silenciarlo.
- Según investigaciones, niños de cinco años seguros de sí mismos, que comienzan el colegio, pueden volverse inseguros y débiles cuando están sometidos a constantes críticas y a comentarios negativos acerca de su trabajo y de su juego.
- Por lo general, los niños prefieren estar activos y haciendo cosas; escuchar les resulta más difícil y son menos

sofisticados que las niñas a la hora de manejar encuentros sociales o conversaciones en grupo. Adapte sus comentarios de manera acorde.

94. Afloje la camisa de fuerza

«¿Por qué eres siempre tan perezoso y sucio? ¿Por qué no puedes ser ordenado como tu hermana? Ella se pone las pilas y guarda las cosas sin protestar. ¡Eres como tu padre!»

Las camisas de fuerza son comentarios acerca de una persona que lo encierran en un papel, negándole cualquier posibilidad de ser distinto. «Tú siempre...», «Eres como...», «Tú nunca...» son ejemplos típicos. Todo el mundo se desarrolla y cambia a lo largo de la vida. Es extremadamente injusto tener ideas fijas acerca de cualquier persona, especialmente cuando se trata de un niño. Las camisas de fuerza pueden animar a un niño a convertirse en lo que usted dice porque ya no intentará ser diferente.

Las camisas de fuerza vienen de dos maneras: las etiquetas, que describen lo que un niño es y no es («Eres un tonto, un idiota», «Nunca te irá bien en el colegio», «¿Por qué no dices nunca la verdad/acabas nada?») u otros comentarios igual de insultantes y dolorosos; y las comparaciones, que siempre son desfavorables («Roberto es mucho más fiable que tú»).

Padres

• Intente cambiar los comentarios en forma de pregunta (¿Por qué?) por aseveraciones que empiecen por «Yo».

• Las acusaciones de tipo «¿Por qué eres...?» son las más insultantes porque el niño, al defenderse, se ve obligado a reconocer esas críticas. «Te encuentro... cuando...» es más aceptable; le muestra cómo percibe usted ese comportamiento, es específico a la circunstancia y deja claro que él no siempre es así.

• Repare en las cosas que su hijo «siempre» hace, y escríbalo si es necesario; luego esté al tanto de posibles cambios de actitud, es decir, cuando él se comporta de manera contraria a la esperada.

• Saque la palabra «siempre» de su vocabulario.

Maestros

• No compare; cuando esté enseñando a otro niño de una misma familia, no mencione los talentos o defectos de cada uno a ninguno de ellos.

• Pruebe una actividad en clase en la que sus alumnos comenten diferentes tipos de insultos y el impacto que tienen. Culpar, usar el sarcasmo y ridiculizar son otras formas de criticar que pueden considerarse: hágales practicar usando la palabra «yo» en su lugar.

• Desabróchese su propia camisa de fuerza: los maestros pueden ser tan culpables como los padres por no revisar sus opiniones acerca de la personalidad de un niño o una niña cuando se enfrentan a evidencias que demuestran lo contrario.

95. Fomente el respeto hacia las mujeres

Lo mejor que un padre o la figura paterna puede hacer por sus hijos es mostrar amor y respeto por su madre. Eso subraya la autoridad de esta, refuerza el respeto de los niños por ella y los hace sentirse seguros tanto de sí mismos como de su familia. Además, también fomenta el respeto a las mujeres.

A los niños les irá mejor y se harán justicia a sí mismos si se distancian de la cultura machista, que tiende a catalogar cualquier cosa vagamente femenina o asociada con mujeres como débil e inferior.

Si queremos animar a los niños a desarrollar una imagen de la masculinidad más atenta y dulce, debemos mostrar respeto por las mujeres, incluyendo a las maestras, y por las cualidades que las mujeres poseen. El abuso verbal o físico y la violencia contra las mujeres, sobre todo contra la madre, es a menudo el factor más perjudicial para la autoestima, la salud mental y el éxito futuro de un niño.

Padres

- No deje que su hijo la pisotee; los niños no aprenderán a respetar a las mujeres si usted no se respeta a sí misma. Buscar tiempo para sí misma y establecer reglas en casa para proteger sus intereses son signos de respeto propio.

• Gánese el respeto; si no trata a los demás, incluido el padre o la madre ausentes, con el debido respeto, su hijo puede perder el respeto hacia usted.

• Tenga cuidado con el tono de sus comentarios cuando vea una película o la televisión con él: muchos tacos, por ejemplo, implican una falta de respeto hacia los demás.

Maestros

• Comente con los colegas si deben introducir una política de prevención del acoso sexual en su colegio; las niñas deben, por supuesto, tratar a los niños con el mismo respeto que deseen recibir a cambio.

• La conciencia de género y la igualdad de respeto deberían aplicarse en todo el colegio y en cada lección.

96. No lo inunde con su éxito

«Mi padre era un hombre de éxito que se había hecho a sí mismo. Lo hizo todo solo y nunca dejó que lo olvidáramos. Le iba muy bien, alardeaba de su dinero y yo no tenía idea de cómo podría igualarlo, que es lo que él esperaba. Cuando dejé el colegio y me enfrenté al futuro, me quedé aterrorizado.»

Es sorprendente cuántos niños siguen los pasos de unas madres o padres con éxito y lo hacen tan bien o mejor que ellos en la misma carrera. Pero por cada caso de éxito, hay otro en que el niño abandona porque siente que no puede competir. El peligro viene cuando el padre o la madre basan su valor personal en su éxito. Cuando pregonan su propio éxito, porque lo ven como su única manera de ganarse el respeto de los demás, imponen sus valores y su visión del mundo a su hijo. Tal vez él tenga actitudes e intereses distintos.

Padres

- Maneje su éxito con modestia y sensibilidad. Muestre que lo considera el resultado de su interés, de su dedicación y de su trabajo duro, y no de su brillantez, y manténgalo como algo suyo, no de él.
- Su éxito resultará evidente aunque no haga alarde de ello; será usted igualmente un buen modelo a seguir.
- No busque destacar en todas las actividades; hacer algo bien, sin alardes, y mostrar que a veces fracasa es un ejemplo útil para su hijo.
- Dos padres de éxito que se mueven en campos distintos hacen que sea más difícil para un niño encontrar su propio rincón; así que es todavía más importante valorar las cosas que le gustan y que hace bien.

Maestros

- Cuando un niño lucha con algo que le resulta difícil, no le ayudará que usted le muestre lo fácil que es repitiendo a toda velocidad la explicación.

- Los niños cuyo nivel de rendimiento es bajo pueden sentir que son incapaces de seguir sus pasos (o los de cualquier modelo); por ello, explique con cuidado, detalladamente, cómo llegó a su posición actual, para que aparezca como un objetivo cercano.

97. Provoca lo que teme

«A mi madre le aterrorizaba que acabara metido en las drogas. Nunca confió en mí. Me registraba las cosas, quería saber siempre adónde había ido y con quién, y me observaba constantemente. Me calentó tanto la cabeza que empecé a salir más y acabé con un grupo que le daba a las drogas.»

Existe una fuerza escalofriante, casi magnética, que parece operar paralelamente a nuestros temores: cuanto más queremos algo para nuestros hijos, o tememos que hagan o no hagan algo, más parecemos causar lo que no deseamos con nuestro comportamiento excesivamente preocupado, ante el que ellos reaccionan. Si tememos que nuestro hijo se convierta en un gamberro, recurrimos a castigos más fuertes que pueden animarlo a rebelarse. Si no permitimos que haya caramelos y galletas en casa, se los comprará y se pondrá morado en cuanto pueda. Si lo forzamos a estudiar música porque tiene talento, perderá su amor por ella y la dejará.

Los hilos comunes son la confianza y el poder. Si tenemos poca confianza y usamos nuestro poder de manera inapropiada para controlar nuestros temores, es más probable que los convirtamos en realidad.

Padres

- Identifique sus temores, si los tiene, y piense en si los maneja de una manera que puede hacer que se conviertan en realidad.
- Intente analizar sus temores; comente con alguien más hasta qué punto son reales, qué importancia tiene que su hijo logre lo que usted quiere para él y, si pasara lo «peor», hasta qué punto sería tan terrible.
- Dele tanto margen como sea posible para que se maneje él mismo, dentro de las pautas que usted determine.
- Recompense el comportamiento que desea ver, en vez de castigar los errores.

Maestros

- Comparta sus temores respecto a una clase, a un individuo o a una relación particularmente difícil con un colega; puede temer parecer incompetente, desorganizado, demasiado duro, etc. Reflexione sobre sus respuestas y propóngase cambiar las que no le gusten.
- Piense en los temores de la persona o personas que acaba de identificar y en cómo pueden estos interactuar con los suyos.
- Sugiera a los niños de su clase que identifiquen sus propios temores, dentro y fuera de la escuela; pueden temer parecer débiles o empollones. Pregunte cómo esos temores condicionarán sus reacciones.

98. Cuanto más se utiliza, más se pierde

«Vi a un niño pequeño aburriéndose sobre el regazo de su madre mientras esta charlaba con una amiga en la calle. Decidió escaparse corriendo hacia la calzada, así que su madre lo agarró, lo arrastró de vuelta, le dio un guantazo y continuó hablando. El niño volvió a hacer lo mismo dos veces más, y ella también. A la tercera, llegó hasta el medio de la calzada y ella le pegó más fuerte todavía, varias veces. Cuanto más le pegaba ella, más desafiaba él su autoridad.»

Hay una importante lección que aprender acerca del poder, y es que cuanto más se utiliza, más se pierde. Si usted utiliza el poder a menudo, o lo utiliza mal, no logrará disuadir a los niños de hacer algo, sino que los incitará a una mayor provocación. A lo mejor los niños perciben a las personas que confían demasiado en su poder como débiles por dentro, y explotan esa debilidad. Pero lo más probable es que se resientan del hecho de que alguien se aproveche de su posición de inferioridad. Al no ser ni comprendidos ni tratados con el respeto que merecen, expresan su frustración de la única manera que pueden.

Padres

- Pegar no es la única táctica de poder que utilizan los padres; también usan amenazas, sobornos, castigos especialmente duros y elaborados razonamientos para conseguir que se haga lo que ellos quieren; los niños reconocen también estas tácticas.

• Conservamos nuestra autoridad no siendo autoritarios, sino guiando, influenciando, poniendo límites para las decisiones y, a veces, dirigiendo si es necesario.

Maestros

• Los niños son a menudo menos dóciles que las niñas y tienen la confianza de argumentar y establecer su punto de vista si se sienten tratados injustamente; si usted no los escucha, podría salir perdiendo a la larga.

• Relajar su control no minará necesariamente su autoridad; haga que los niños se responsabilicen más de su propio aprendizaje, permítales evaluar su trabajo y el de los demás bajo su dirección, y se reducirá al mínimo la posible existencia de una dinámica destructiva basada en el poder.

99. Deje que le crezcan alas

Para los niños, la independencia es una parte vital y excitante del crecimiento. Aumentar su competencia, afrontar retos y sobrepasar obstáculos, arriesgarse y hacer cosas de maneras distintas, adquirir más control sobre lo que le ocurre y establecer sus propios límites son esenciales para que el niño se convierta en un adulto independiente y responsable.

Desgraciadamente, se considera cada vez más peligroso el mundo exterior. Es natural que a los padres les preocupe dejar a los niños jugar y viajar sin la supervisión de un adulto. En vez de dejar a los niños salir por su cuenta y experimentar, dándoles cada vez más libertad, tienden a supervisarlos, acompañarlos, constreñirlos y contenerlos. Se lleva a los niños en coche y se les aconseja que no jueguen solos en el jardín de delante de casa, y mucho menos en la calle o en un parque. Guardar a los niños seguros dentro de casa permite a los padres relajarse. Añaden virtud a su propio interés y creen que están haciendo lo mejor para sus hijos. Sin embargo, aprender a manejar el riesgo y afrontar lo desconocido aumenta la confianza en uno mismo y es una importante habilidad en la vida. Los niños necesitan que les crezcan las alas y necesitan aprender a usarlas.

Padres

- Estar solo, a veces, da a su hijo la oportunidad de probarse a sí mismo; si no tiene esa oportunidad, le resultará más difícil establecer su identidad, desarrollar su autoestima y adaptarse socialmente mientras aprende a comportarse en grupos mayores y a pertenecer a ellos.
- Aumente de forma gradual su libertad fuera de la casa, y al principio insista en que vaya con hermanos mayores o con un grupo de amigos que conozca.
- Los niños menos dados a la vida social pueden disfrutar con mapas y horarios; su deseo de independencia puede quedar satisfecho viajando en autobuses locales para divertirse.

- Pida a los padres que no vayan a observar a su hijo a través de la valla durante los recreos; si este los ve, se sentirá atado, no querido.
- Algunos niños aprenden a usar sus alas probando diversas maneras de trabajar; trate esas maneras con respeto y sea tan flexible como pueda.
- En los trabajos de matemáticas o geografía puede incluir el uso de horarios de autobuses o trenes, algo que aumentará sus habilidades de autodirección.

100. Muestre su voluntad de compromiso

La fuerza interior se construye sobre el compromiso. Los niños necesitan saber que por lo menos un adulto que sea importante en sus vidas está dispuesto a comprometerse con ellos para crecer felices, seguros, adaptables y con la suficiente fuerza interior para poder darse a los demás. Los padres biológicos no son los únicos que pueden ofrecer esto. Un niño capaz de comprometerse con el aprendizaje y los amigos, pese a tener dificultades personales perturbadoras, suele mencionar el compromiso de alguien que pasó tiempo con él, mostró interés por las cosas que a él le interesaban, lo aceptó tal como era y, sobre todo, fue digno de confianza y estuvo junto a él siempre que necesitó apoyo.

Su voluntad de compromiso ayudará a su hijo a tener una buena opinión de sí mismo, a estar solo y aguantar cualquier ataque y ser a la vez suficientemente flexible para transigir en cuestiones de menor importancia, a tener el coraje de escuchar las críticas constructivas y no vivir cada reto como un menosprecio personal y a tener la suficiente curiosidad para explorar y reflexionar previamente a fin de obtener la prudencia, el poder y la voluntad necesarios para determinar su futuro y no convertirse en una víctima. Su autoestima, su felicidad y su confianza pueden depender del compromiso que usted le ofrezca.

Padres

- La voluntad de compromiso puede probarse de muchas maneras: mostrando interés, aprecio y cariño, haciendo que se sienta seguro, ofreciéndole apoyo, convirtiendo su cumpleaños en un día especial y ayudándole a entender su mundo.
- Mostrarle que piensa en él, aun cuando no está con él, también es importante (por ejemplo: «Te he comprado tus galletas favoritas»).
- Los padrastros y parejas tienen que trabajar el compromiso todavía más, sobre todo cuando un niño ya ha sufrido alguna decepción.
- Comportarse de una manera coherente y cumplir con las promesas de llamar, escribir o visitar son maneras de mostrar la voluntad de compromiso.

Maestros

- Sea consciente de que cuando un niño está pasando por momentos difíciles debido a problemas personales, especialmente cuando pierde a un padre o a una figura paterna por muerte, enfermedad o separación, necesita una voluntad de compromiso clara por parte de alguien como usted, aunque dude de ella y la ponga a prueba.

- Muéstrele su voluntad de compromiso con paciencia y tolerancia, ayudándole a resolver problemas cuando no se comporta o no se desenvuelve como antes; quizá encuentre soluciones si presta un poco de atención.
- Nunca pierda la fe en un niño. A lo mejor él abandona esa fe en sí mismo, pero es su responsabilidad profesional y personal ofrecerle una esperanza.

Bibliografía

BIDDULPH, S., *Educar chicos*, Ediciones Medici, 2000.

BURGESS, A., *Fatherhood Reclaimed*, Vermilion, 1997.

CANFIELD, J. y WELLS, H., *100 Ways to Enhance the Self-Concept in the Classroom*, Allyn and Bacon, 1976.

DOWNES, P. y BENNET, C., *Help Your Child Through Secondary School*, Hodder and Stoughton, 1997.

Forum on Children and Violence, *Towards a Non-Violent Society: checkpoints for schools*, 1998.

HARTLEY-BREWER, E., *Positive Parenting: raising children with self-esteem*, Vermilion, 1994.

—, *Co-operative Kids*, Hartley-Brewer Parenting Projects, 1996.

—, *Motivating Your Child*, Vermilion, 1998.

—, *School Matters... and so do parents!*, Hartley-Brewer Parenting Projects, 1996.

—, *¡Eres genial tal como eres! (para niñas)*, DeBolsillo, Barcelona, 2006.

KAHN, T., *Bringing up Boys: a parents' guide*, Piccadilly Press, 1998.

KATZ, A. et al, *The Can-Do Girls: a barometer of change*, Young Voice, 1997.

KATZ, A., *Leading Lads*, Young Voice, 1998.
LEES, J. y PLANT, S., *The Passport Framework for Personal and Social Development*, Gulbenkian Foundation, 2000.
LINDENFIELD, G., *Confident Children*, Thorsons, 1994.
NOBLE, C. y BRADFORD, W., *Getting It Right for Boys... and Girls*, Routledge, 2000.
PHILLIPS, A., *The Trouble with Boys*, Pandora, 1993.

Eres genial tal como eres, de Elizabeth Hartley-Brewer
se terminó de imprimir en mayo del 2006
en Litográfica Ingramex, S.A. de C.V.
Centeno 162-1, Col. Granjas Esmeralda
México, D.F.